Tan solo Por Ser Ilegal

FLORABELTH DE LA GARZA

Derechos de autor © 2018 Florabelth De La Garza
Todos los derechos reservados
Primera Edición

PAGE PUBLISHING, INC.
Nueva York, NY

Primera publicación original de Page Publishing, Inc. 2018

ISBN 978-1-64334-038-8 (Versión Impresa)
ISBN 978-1-64334-039-5 (Versión electrónica)

Libro impreso en Los Estados Unidos de América

Dedcatoria

Dedico este libro a mis hijos sin el afán de ofenderlos, esperando que comprendan mi situación y el motivo.

Con amor, al gigante en que mi madre se ha convertido ante mis ojos, con todo el amor que le tengo, con mucho orgullo y admiración.

A mis hermanos, con el orgullo que por ellos siento, con todo el respeto que se merecen.

Y de una forma muy especial ah el ángel que paso por mi casa y que yo no vi . . .

A ti abuelita Luz.

Con mucho respeto, a todas las mujeres inmigrantes que han sufrido una pena como la mía.
México, Guatemala, El Salvador, Honduras, Nicaragua, Perú, Venezuela, Colombia, Puerto Rico, Cuba, y demás países.

A ti carita de chancla
06/19/1999
Sanford, NC

Era un día hermoso realmente, había llovido un día anterior y se podía respirar la humedad, el cielo estaba nublado, y los árboles con ese peculiar verde musgo o tierno, algunos daban la impresión de tener frío, pues se miraban encogidos o medio encorvados. Era fascinante ver las hojas de los árboles cuando iban cayendo al piso, se me antojaba una gran carpeta de bienvenida de muchos colores, prueba inevitable de que el otoño estaba ahí. Mirar las casitas a mi paso me dio nostalgia, siempre soñé con tener una, doce hijos y un esposo que aunque pobre me quisiera. Pero al parecer eso no se hizo para mí. El ir y venir por el mundo de los afectos con una sonrisa en los labios, estaba cambiando mi vida, ¡Uf! y si no pude tener la casita y los doce hijos, mucho menos el perro, el gato, y que todo fuera tan bonito como en el arca de Noé, "El perro el gato tu y yo."

Todo empezó un día, 15 de julio del año 1992, había dejado atrás todo lo que tenía, todo lo que amo. Tengo en mi mente a mis dos hijos, Amedgar, el más grandecito de mis dos queridos hijitos "El hombre de los bigotes de mi casa," como yo solía llamarle, y a mi pequeño "Amor," Omar, ese barbero que Dios un día me dio por hijo. Recuerdo sus caritas llenas de tristeza, y sus ojitos llenos de angustia al irme a dejar a la estación de autobuses, con sus manitas metidas en las bolsas del pantalón, me daban la impresión de no querer sacarlas para no tener que detenerme. Mientras que la gente a nuestro paso todo lo alborotaba, todo era prisas, risas más. Y así, entre promesas, risas, llantos y voces, nos despedimos y mientras lo hacíamos, pude ver como mi pequeño amor, se volteaba y miraba para todos lados, para que no le leyera en sus ojitos de lucero, lo que el sentía, porque en realidad él sabía muy bien que lo conocía de sobra, al igual que al hombre fuerte de mi casa... El olor fuerte a humo y gasolina me indicaron que el momento de la separación estaba ahí, no podía decir nada, ni sabía que decir, "adiós mami dijo uno de ellos, "adiós le conteste con aire de despreocupación, pero solo yo sabía lo que por dentro tenia, con una voz que parecía salida como de ultratumba les dije, "no se preocupen, volveré, volveré por ustedes se los prometo, y sacando fuerzas de no sé dónde les cante, y en el trayecto voy a pescar, para ti vivir luego al arribar. Con besos y abrazos me despedí y dejé ahí, en mi hermosísima patria, al cuidado de mi querida mamá, a los dos únicos hijitos que Dios me había dado como un regalo, el regalo mas preciado para mí en esta vida...

 Una vez instalada en el asiento del autobús voltié a verlos, ellos se fueron caminando rumbo a casa de mami, con la cabeza baja. ¿Y yo? ¿Yo a dónde iría? Tenía solamente unos tenis, una camiseta y un pantalón de mezclilla, así como ciento cincuenta pesos mexicanos, lo único que me había llevado de toda una vida de trabajo honrado y de muchos años de matrimonio, matrimonio que se había destrozado así nada mas de pronto, temblaba nada más de pensar en lo que haría sin dinero y sin nada, ni a donde ir a parar que era lo peor. El autobús caminaba, mientras que mi interior quería gritar que se parara, que me dejara ahí, con mis hijos y la familia que un día yo tuve, pero no podía hacerlo, tenía que ir a donde mi destino me había marcado. (Los Estados Unidos de América.)

Llorando me despedí de ahí, de todo, y de todos, sin que nadie lo notara, necesitaba pensar ya que los acontecimientos de las últimas horas, no me lo habían permitido, me lleve las manos a la cabeza, me dolía tanto que creía que me iba a reventar, ¡Uf¡ Pero, qué era lo que realmente había pasado ahí? Ni yo misma lo sabía, hacía apenas unos cuantos días me sentía sumamente orgullosa de pertenecer a las filas de nuestro queridísimo Ejército Mexicano... Recuerdo con que porte y orgullo lucía ese uniforme verde olivo, y esas botas, me la pasaba horas y horas dándoles brillo, chainiandolas o ciroleándolas, como mis compañeros decían, la fornitura sobre mi cadera, para mí era lo máximo, como me gusta recordar esos días llenos de actividad, correr y correr todo el día, sudando sabrosamente y cuando era la hora de la comida parábamos y me daba un muy merecido baño y después era recompensada con un suculento guisado en el comedor del batallón, con todos mis compañeros. Reír por todo y por nada era mi vida, mi pasatiempo favorito, que días aquellos, llenos de la verdadera felicidad. Y por las tardes, cuando llegaba a mi casa, ahí estaban ellos, mis apaches, como solía llamarles a mis hijos, y el hombre que yo creía, era el hombre de toda mi vida, un Capitán de mi mismo gobierno, con su porte arrogante, fino y educado. Lo tenía todo, un esposo, dos hijos y mi perro, ese chiquito de ojitos cuadrados al cual queríamos como un hijo, parte más de la hermosa familia que yo tenía, la familia que tanto amo. Al recordarlo me da risa, ah el no le gustaba bañarse, ni escuchar esa palabra, porque corría y se escondía debajo de la cama, y no había poder humano que lograra sacarlo de ahí, me daba tanta risa cuando mi hijo se tenía que arrastrar *debajo de la cama para sacarlo, todo aquello era un show, empezaba el jaleo y los gritos, "Ven acá perrito mugroso! Tú te bañas hoy porque te bañas y el perrito le enseñaba los dientes, desde el último rincón de debajo de la cama, mi hijo hacia como que se enojaba con él, ¡Perrito mal agradecido ahorita vas a ver, acuérdate que perro que muerde la mano del amo que le da de comer, se muere el amo y el perro también . . . Que días esos, párese que veo esas alegatas y las carreras que se organizaban cuando el perrito se escapaba del baño y se iba corriendo por toda la casa lleno de jabón, mi perrito de ojitos cuadrados, él también fue víctima de lo que ahí paso, También él fue trasladado junto con mis hijos a casa de mi mami, recuerdo que no se quería separar de mi, quizás intuyó lo que pasaría, porque tuvieron que sujetarlo muy fuerte para que se quedara. Cuando los días pasaron, probablemente se sintió solo o me extrañaba porque dicen que lloraba, que no quería comer, y que por las noches aullaba, y que un día fatal se murió de tristeza. La noticia de que el perrito, como lo llamaba mi hijo Omar, había muerto, para mi fue un golpe muy duro, me deprimí mucho, Chayni Maclovio había pasado a mejor vida, Suertudote éste, me gano la delantera. ¿Pero qué fue lo que realmente pasó ahí? No sé, no lo sé con exactitud, lo que recuerdo fue que ese día regresaba del hospital Militar, me había sometido a una dolorosísima operación, recuerdo también que cuando estuve en el hospital, me puse muy nerviosa porque mi esposo no había ido a recogerme, ni me había hablado por teléfono, yo trataba de disimular los nervios, algo andaba mal ¿Qué le pasa a este señor? Me pregunte en varias ocasiones, no era lógico lo que estaba pasando, traté de calmarme y no quise preocuparme mucho, seguro que lo mandaron a una comisión del servicio y aún no ha regresado, después el me explicara porqué* no vino a recogerme, me dije a manera de consolación, recuerdo que ese día tuve que regresar a casa sola, porque él jamás llegó, mi operación me dolía tanto pero no había nada que hacer así que estaba decidido, después de haber llenado un sin fin de papeles, por fin regresaba a casita, cuando salí del hospital camine lo más rápido que pude y busque un taxi para que me llevara a la estación de autobuses y de ahí a Colima Colima, que era el lugar donde vivía, cuando estuve en el autobús, pensé en lo felices que íbamos a estar todos, la operación para volver a tener un hijo fue todo un éxito. Mis hijos tendrían la hermanita que tanto querían, y él tendría el bebe que quería, y yo él o la compañerita para toda mi vida. Mientras el autobús caminaba, yo lo miraba todo mientras que dejaba volar la imaginación, el autobús llego a la central camionera, baje ahí y tome otro taxi para llegar al lugar que yo llamaba mi casita, el lugar donde un día fui tan feliz. Me sorprendió grandemente que toda la casa estaba cerrada, no había nadie ahí, que raro me dije, se supone que alguien debe estar aquí, en lo que pagaba el taxi, el guardia de la caseta de soldados gritaba, "Cabo de turno, ¿Qué ocurre?" Le contestó el comandante y corrió para ayudarme, buenos días señora, ¿Como le fue? Me pregunto nervioso, mientras que los demás soldados de la guardia me miraban y me miraban, "bien" le conteste preocupada, el guardia amablemente me ayudo hasta la entrada de mi casa, y cuando estaba abriendo la puerta de mi casa pude notar que no estaba ni la cocinera, ni el chófer, mucho menos el jardinero, mi felicidad desapareció de pronto, no había nadie...

    Mi vecina y amiga fue a mi encuentro, ¡Hola me dijo dándome un abracito y un beso, ¿Cómo estas? Bien gracias, todo salió de maravilla me alegro me dijo, gracias le conteste, mientras atinaba a meter la llave de la puerta. Oye ¿Dónde están todos los de ésta casa? Le pregunte preocupada, mientras aventaba para adentro la maleta de cosas que traía. Bueno, dijo ella, estrujándose las manos, "los niños creo que están en la escuela, y del Capitán, de él, no sé nada de él desde que se lo llevaron fue muy triste para mi ver eso, te juro me dolió el corazón, ¿Se lo llevaron? Pregunte extrañada, "¿A dónde se lo llevaron?" Preguntaba casi a gritos. "¿A dónde se han llevado a mí esposo? Ella parpadeo repetidas veces sin atinar a contestar nada, ¿Qué pasó con mi familia? Pregunté ¿A poco no sabe? Me preguntó con una cara de metí la pata, ¿No sé ¿qué? Insistí, por favor dime ya, que fue lo que paso en mi ausencia, bueno" repetía ella espantada, ¿Porque mejor no le preguntas a los de la guardia? Y se fue rápidamente por donde llegó, me dio gusto verte me gritó y desapareció dejándome sola, me quedé ahi parada, anonadada, y de pronto volví a cerrar la puerta y salí lo más rápido que pude, sin importarme el dolor, rumbo a donde estaban la caceta de los soldados. Me imaginaba al algo muy feo, en cuanto me acerque el soldado grito, cabo de turno Qué ocurre contestó el cabo, y salió casi corriendo, después de saludarme, me dijo amablemente "dígame señora, En que le podemos ayudar? Bueno me gustaría saber ¿Qué fue lo que pasó? ¿Dónde está mi familia? El cabo no supo que decir y me dijo amablemente que por favor lo esperara un segundo, y levantó el teléfono y hablo para el batallón, después de colgar el teléfono, me invito a sentarme y me dijo que por favor me esperara, que alguien vendría a darme las explicaciones que yo necesitaba, ¿Explicarme qué? Pregunte nerviosamente, pero el me dijo que no podía decirme nada de nada hasta que el comandante mandara a alguien a decírmelo. ¡Dios mío! A pesar por las circunstancias, algo muy feo había pasado en mi ausencia y todos lo sabían menos yo, ¿Dónde están mis hijos? Me preguntaba y casi me volvía loca después de un rato que a mi me pareció un siglo, apareció un hombre de apariencia impecable, después de saludarme amablemente me invito a sentar y a dialogar con él.

El hombre tenía cara de preocupación, algo andaba mal ¿Pero que era? Lamento mucho lo que sucede señora, me dijo muy preocupado, la verdad no me gustaría ser yo el que le tuviera que dar esta mala noticia, me dijo espantándome mas, esas palabras me dieron la certeza de que algo muy malo había pasado en mi ausencia, y el corazón me dolió de la pena. "¿Qué pasó señor? Le pregunte una vez más, el pobre hombre carraspeó y me soltó la noticia de golpe. "Su esposo fue acusado de abusar sexualmente a la niña que ustedes tenían en la casa, intento de violación y las que resulten." Me lleve las manos a la cara, no podía ser cierto eso que escuchaba, "¿Qué?" Grite con miedo, "eso no puede ser, dígame que es mentira, que es una broma macabra. "Lo siento mucho, señora, me hubiera gustado que fuera una mentira, o una broma macabra como usted dice pero es verdad, y como la niña solo tenía trece años. "¡No, no puedo creer eso de él! ¡Eso no es verdad! decía llorando a gritos, muy descompuesta El oficial muy preocupado ordenó un vaso de agua para mí, mientras que yo lloraba hasta casi reventar, la cabeza me dolía y ni que decir de la operación. Los minutos pasaron y yo seguía ahí llorando, cálmese me dijo el oficial, mire si gusta le indicare el lugar exacto donde tienen a su esposo, vaya y hable con él, al solo oír mencionar eso, me dieron ganas de vomitar, de patearle la cara, y rompérsela en pedazos y no sé de qué más, y sin pensarlo dos veces permití que alguien me acompañara y nos dirigimos hasta donde él estaba, en pocos minutos llegamos al batallón, entramos, mis nervios eran tantos que hasta me olvide del dolor de la operación, encaminamos los pasos al lugar de detenciones de ese batallón, la verdad yo ya había estado en ese lugar, muchas veces lo acompañe cuando él estaba de servicio, y nunca me había fijado que era tan grande, pude ver que a los guardias que cuidaban celosamente la entrada y a otros por ahí ciroleaban sus botas o daban brillo a la hebilla del cinturón. El guardia de seguridad amablemente me conducía hacia donde lo tenían, en cuanto llegamos me dijo, pasé por acá señora, por fin estuve frente a el, en cuanto me vio bajo la cabeza apenado, pero la verdad, era yo la que tenía mas pena, no sabía ni dónde meterme de la vergüenza, me sentía ruin, muy ruin, pobre niña pensaba nada más para eso me la traje. "¿Que paso?" Lo encare llorando, "no sé" me dijo, "¿Como no vas a saber, que fue lo que pasó? "te lo juro que no sé que fue lo que paso, yo jamás le hice daño a la niña, te lo juro, todo esto es una trampa del comandante del batallón, el viejo ese que llaman timbiriche, estoy seguro que fue él quien me puso la trampa, se está vengando de mi, te lo juro," se veía honesto y muy apenado, yo lo miraba y no sabía ni que creer, mil ideas pasaban por mi mente, la verdad, mi esposo había tenido un problema fuerte con el comandante, pero ¿Y la niña? ¿Como una niña de tan solo trece añitos se iba a prestar para una jugarreta de esas? No, eso no era posible. Ve y pregúntale a la mamá de la niña, me decía, pero yo no sabía si creerle o no, él ya me había hecho muchas cosas, claro que no de esa magnitud, pero si muy duras, muchas veces tuve que perdonarle su infidelidad, lo había encontrado con chicas muy hermosas, y en ocasiones cuando yo no estaba en casa, él las llevaba ahí, no sabía ni que pensar, la cabeza me daba vueltas, creía perder la razón. Después de ese día todo fue un ir y venir, preguntas y más preguntas, nuestras vidas estaban acabadas, busqué a la mamá de la niña y ella me contó el aspecto que la chiquita llevaba cuando los hechos ocurrieron, no sabia que pensar, verdad o mentira, a mi me dolia el alma y me ardia la cara de la vergüenza, fueron dias muy dificiles para mi, en los que no queria ni salir de la casa de la pena, eso era demasiado.

   Un dia decidi vender todo lo que poseia, estaba decidido, me iria de ahi, me dolió el corazón ver salir mis muebles y todo lo que yo tenia en mi casita, pero me resigné, en cuanto todo se vendiera me iria de ahi para siempre, ¿a dónde? No sé, ni siquiera lo habia pensado, pero, antes tenia algo que hacer, sacarlo bajo fianza, no por mi, sino por mis hijos, ya que el más chico estaba muy lastimado y lloraba por su papá, recuerdo que un dia me dio tanta lástima porque me trajo una motocicleta que tenia, ese juguete se lo habia comprado él, en realidad era caro pero no tanto como para sacarlo de esa cárcel, ingenuamente me dijo, ten mami, véndelo para que saques a mi papi de la cárcel, al ver su ingenua actitud me dolió el corazón, ese dia lloramos los dos.

   Cuando el último de mis muebles salió de mi casita, ese mismo dia me dedique a buscar un abogado y le pague para que lo pusiera libre bajo fianza, y roge a Dios que lo perdonara, si era verdad que el habia abusado de la niña. Una vez fuera de ese lugar y de la persona que tanto me lastimo, paré en casa de mami, le platique lo que habia pasado y le roge que aceptara a mis apaches en su casa porque tenia que irme muy lejos de ahi para olvidar y trabajar para ellos, y que no sabia que dia regresaria, los nervios me traicionaban casi me desquiciaban, pero estaba decidido, esa misma semana parti con rumbo a Matamoros, Tamaulipas y de ahi no sabia hacia donde iria, ya que acababa de dejar todo, todo. Por el camino, las lágrimas me traicionaban, pero llorar en esos momentos para mí era un lujo que ya no me podía dar, ya había llorado mucho por eso y por cosas del pasado, ahora lo importante era vivir, vivir para mí y mis apaches.

Sentada aquí, en este autobús, recuerdo todo lo ocurrido ese fatal día, allá en la casita que era toda mi vida, que lo era todo para mí, Aun no me acabo de ir y ya extraño a mis apaches, y a mi perro, y a él también. Sentí frío y me acurruque en el asiento, y me quede dormida, no supe cuánto tiempo paso, solo recuerdo que empecé a escuchar ruidos, y escuché que un niño gritaba a todo pulmón, sobresaltada me pare y me acorde de donde estaba, tal vez el niño tenia hambre o frio, no sé, solo sé que de pronto mi corazón se encogió y me dio miedo, ¿Y ahora qué? Me pregunte por primera vez, sin imaginarme que esa misma pregunta me la haría muchas más veces en el futuro, a partir de ese fatal día.

Por lo pronto bajarme del autobús era lo importante, así que me apresure a hacerlo, una ves abajo encamine mis pasos hacia adentro de la central camionera, y ahí me encamine rumbo al baño, trate de arreglar un poco mi aspecto, busque un pequeño peine que traía conmigo, pero tratar de peinarme con el era imposible, mi pelo era muy chino, así que me las arreglé como pude, limpie el espejo con el dorso de la mano y me mire en el, mis ojitos chiquitos, estaban más chiquitos que nunca, y tristes, muy tristes. Cuanto había cambiado en unas cuantas horas, toda yo reflejaba tristeza, me apresure a ponerme mas o menos presentable, ahora lo único que me quedaba era el orgullo. Así que, alcé la cabeza muy alto, y me dije, tú puedes y salí de ahí, y con la energia que me daba la juventud, me encamine por esas calles empedradas.

Todo estaba cerrado, era casi la hora de empezar un nuevo día, los camiones de ruta con su ensordecedor y alocado ir y venir, me distraían, en ocasiones hasta me perdía por largo rato, camine por ahí sin rumbo fijo, me pare en la parada de uno de los autobuses y me pase un largo rato observando todo, de pronto vi venir un autobús que decía puente internacional, y sin pensarlo dos veces le hice señas, el autobús hizo alto total y rápidamente subí y pague al chófer, encamine mis pasos hacia atrás y me senté por ahí, una señora me sonrió y le devolví la sonrisa, como tema de conversación, me pregunto, ¿Para dónde va? La verdad, no sé le conteste, no soy de aquí, eso me imagine, ¿De dónde viene? Me le quedé viendo y no le pude contestar nada, ¿Y de seguro que no tiene casa? Ni casa, ni familia, ni nada, ni a nadie, dije a punto de soltarme a llorar buscaré trabajo en algún lugar por ahí y me sorprendió grandemente oírme decir, "cuando logre pasarme para el otro lado, si es que lo logro, ¿porque dije eso? No sé, ni lo había pensado, "¿Y usted?" Le pregunté más por educación que, porque me interesara, yo trabajo en el otro lado, tengo la tarjeta de paso, mire, me dijo confidencialmente, pásese para allá, yo gano en un día de trabajo, lo que aquí se gana en toda una semana, limpio casas ¿Pero cómo me paso, sin papeles no puedo hacerlo? Mire me dijo, por ahí hay algunas personas que por unos cuantos pesos, la pasan rápidamente, ¿Y Si no encuentro a nadie? Yo no soy de por aquí, y no conozco a nadie, bueno fácil me dijo, tírese al río nadando, total no pasa de que la migra la regrese y ya, y si eso sucede, se regresa de nuevo, me le quede viendo a la señora, se escuchaba muy fácil, pero de eso a que lo fuera.

Por fin paro el autobús en el puente, y nos bajamos, después de despedirme de la señora, encamine mis pasos hacia la garita americana, y me pare a la mitad del puente, de ahí pude ver a unos que nadaban para el otro lado, ellos se estaban rifando hasta la vida, Dios mío me dije y me dediqué a observarlos, vi como hicieron todo hasta que llegaron al otro lado y después como subian el bordo hacia la gran ciudad, también pude ver como trabajaba el Servicio de Inmigración, pude observar muchos de sus movimientos, parecía increíble que en plena mañana algunas personas se atrevieran a pasar por ahi, jamás lo hubiera imaginado, casi enfrente de ellos, ahi estuve mucho rato y me forme más o menos una idea de lo que tenia que hacer, en caso de que tuviera que irme por el rio nadando, ya estaba decidido, ir a trabajar a los Estados Unidos era mi idea.

La verdad no era muy buena nadadora, pero si las cosas no salian bien tendria que hacerlo, me gustara o no estaba decidido, de pronto regrese mis pasos hacia México, tenia un poco de hambre, mi estómago me reclamaba algo de comida, para mi buena suerte ya habian abierto algunas fondas, camine por ahi, y entre en una cualquiera, pedi un par de quesadillas y me ofrecieron café o atole, un buen jarro de atole caliente me reconforto, me hizo sentir mucho mejor, y sobre todo más fuerte.

En cuanto terminé con el sabroso desayuno, encaminé mis pasos rumbo al rio, trataria de cruzarlo, la verdad, tenia mucho miedo pero no me quedaba de otra, recordé que algunas veces cuando trabajaba para nuestro glorioso Ejército Mexicano, tuve que cruzar algunos rios, aunque todo era tan diferente, en aquellos tiempos no tenia que pedir permiso para hacerlo, ni tenia que esconderme de nadie, pero era igual de peligroso, encamine mis pasos hacia el rio y camine cautelosamente hasta la rivera, camine un rato por la orilla del rio bravo, volteaba para todos lados con tanto miedo, cualquier ruido me hacia estremecer, cuando estuve lo suficientemente alejada del puente, observé todo a mi alrededor, vi un pequeño lugar que tenia tierra en medio del rio, como una pequeña isla suerte, era justamente lo que yo necesitaba, medité todo cuidadosamente, de pronto me dio miedo, pero reaccioné, no, me dije, no es tiempo para miedos, y con los zapatos en la mano me encamine hacia el río el agua estaba muy fría, y sobre todo que el río se miraba muy tranquilo, pero la verdad era que la corriente era muy fuerte, me metí cautelosamente y empecé a nadar, el río casi me arrastraba, recupere el ritmo y nade hacia el pequeño islote, ese era mi objetivo por el momento, pasaron algunos cuantos minutos que me parecieron siglos, por fin llegue, toque tierra firme, ahi me quede respirando peor que un maratonista, cuando recupere la respiración miré para todos lados, no vi a nadie por ahi ni arriba del puente, la buena fortuna estaba de mi parte en esos momentos, de prisame dije y me volví a aventar otra vez al agua y nadé para alcanzar la otra orilla, que alivio sentí cuando llegue al otro lado del río, temblando, brinque hacia tierra firme, parecía un pato mojado, la ropa mojada me impedía avanzar pero camine lo más rápido que pude para salir de ahi, de pronto escuche ruidos y busque un escondite con los ojos y vi un huequito que estaba entre un montón de ramas y tierra, rápidamente me introduje en él, y vi también que algunos hombres venían correteando a alguien, contuve la respiración y con mucho miedo los vi pasar casi por encima de mi, el corazón se me salía del pecho, ellos se alejaron un poco del lugar donde me encontraba y pude escuchar que discutían todos contra todos, no supe ni cuantos eran, no los pude contar, pero serian como seis o siete, mas o menos, de vez en cuando me asomaba cautelosamente, de pronto vi que uno de ellos saco una navaja de bolsillo y se escuchó un grito de dolor, me tuve que tapar la boca con las manos para no gritar del miedo que sentí, y me refugie más adentro del hueco donde estaba escondida.

De pronto alguien gritó "la migra" y todos se aventaron al agua nadando, hacia el lado Mexicano, con miedo me quedé ahí en ese escondite, era muy chiquito, pero lo consideré el lugar perfecto, una pequeña rama tapaba totalmente la entrada, de seguro que era casita de algún animalito, de pronto vi pasar una patrulla de la migra volando por un lado mío, la persona que estaba herida, no dejaba de clamar por ayuda, en cuanto lo vieron pararon y bajaron para ayudarlo y llamaron por radio, al poco rato se dejó escuchar el aullar de una ambulancia a lo alto del barranco y dos hombres con una camilla bajaron y lo examinaron, mientras algunos agentes de la migra veían a los fugitivos que iban nadando velozmente hacia la otra orilla. Las patrullas de la migra fueron y vinieron por varias ocasiones, y yo seguía ahí doblada casi echa bolas en mi escondite, después de no sé cuánto tiempo, se llevaron al herido, por un larguísimo rato, que a mí me parecieron siglos la migra siguió patrullando la orilla, en ocasiones casi dieron conmigo, me daba tanto miedo, me quedaba inmóvil temblando y pensando, en cuanto estos me encuentren, ¿En qué lío estaré metido?

Por fin se fueron todos, no supe cuánto tiempo pasó, solo sé que fue demasiado, hasta casi quedarme acalambrada por lo inmóvil que me encontraba, esperé un poco más y salí del escondite que sin querer había encontrado, ahora tenía más miedo que nunca, mi ropa seguía mojada, hacía frío, ¿Oh yo tenía frío? No sé, solo recuerdo que cuando estuve segura de que no había nadie por ahí, encaminé mis pasos hacia el barranco que vi muy cercas, y en cuanto lo subí, la ciudad de Brownsville, Texas me recibió, empecé a caminar con rumbo a la gran ciudad.

Un muchacho que me vio, acercó su carro hacia mí y me dijo, Oye te acabas de escapar verdad? Yo no le contesté y él dijo, lo mejor será que te cambies de ropa, porque si la migra te ve así te levantará y ni tu esfuerzo, apúrate a llegar a la ciudad porque por aquí andan muchos de ellos, mira si tienes dinero enfrente venden ropa usada compra algo y te cambias, y de ahí te vas a un lugar que todos llaman la marqueta, compras un boleto para el aeropuerto y pides que te bajen en la casa Romero, en ese lugar te van a ayudar, ahí ayudan a personas que, como tú, se han escapado de la migra y que no tienen a donde llegar." Yo sin contestar nada ni dejar de caminar estaba grabando en mi mente lo que el muchacho me decía, en ese refugio el gobierno tiene un pacto con ellos para proteger a los indocumentados, no podía creer eso, el muchacho me dio tanta información que me quede con la boca abierta. De pronto me gritó, "anda, corre" me dijo dándole de manazos a la puerta, "apúrate o te cacha la migra," al oír aquello corrí por la calle rumbo a la tienda de ropa usada.

Cuando entre a la tienda, todos voltearon a verme, y como si la dueña me leyera el pensamiento me dijo, "mira ve busca algo que te quede y si gustas métete allá en el baño para que te cambies la ropa mojada por algo seco," le agradecí con la mirada y sin decir nada me dirigí a buscar entre la ropa algo que me quedara, y de ahí me metí al baño que ella me indicara, pasó un tiempo y salí ya cambiada, fui hacia la señora que me ayudó y le pregunté cuanto le debía, pero ella no quiso aceptar mi dinero, no ahora tú necesitas ayuda y esto es ayudar mejor vete ya porque tenemos prohibido ayudar a personas que viene indocumentadas, gracias le dije y salí rápidamente y me fui del lugar aquel, dispuesta a encontrar la famosa marqueta, pregunté por ahí y por acá hasta que por fin la encontré, rápidamente compré un boleto y subí al autobús local y le pedí al chófer que por favor me bajara en casa

Romero, caminamos un largo rato por la hermosa ciudad de Brownsville, Texas, cuando iba de lo más distraida mirando todo, el chófer me dijo señalándome un lugar con un parque en medio y casitas, esa es casa Romero, baja pronto y corre hacia adentro porque si te cacha la migra te lleva, normalmente están por ahi acechando, gracias le dije e hice exactamente lo que el chófer me indico, corriendo llegue al lugar en donde ya me esperaban algunas personas con la puerta de alambre de pollos abierta...

Entre rápidamente y una vez adentro, me dedique a ver todo a mi alrededor, me sentia extraña, de pronto escuche que alguien me preguntaba, ¿Mirad voz, tu veniz de México? Era el español antiguo, hablado por una persona de Honduras, si, le conteste, sin dejar de mirar todo y a todos, soy mexicana, ¿Tú? le pregunte más por cortesia que por interés. "Mire voz, yo soy de Honduras y este es mi novio José, el viene del Salvador, pero venga dijo la chica tomándome por un brazo, pasa, estás en tu casa, y empezamos a caminar hacia a dentro del gran lugar, apareció una señora que me habia estado observando desde que empecé a entrar, aqui en este lugar hay gente de todas partes del mundo, como Nicaragua, Honduras, México, Perú, Colombia, Venezuela, y demás partes de habla hispana, y aunque no hablen español, vienen a dar aqui, iba de sorpresa en sorpresa, de pronto la señora me dijo ¡Hola¡ y dándome la mano con una amplia sonrisa, dijo "soy la mamá, asi me llaman todos aqui, decia mientras que los demás se reian amigablemente, uno a uno se fueron presentando conmigo, una vez terminada la larga lista de presentación, la mamá me llamó para la oficina, una ves adentro de su oficina por la ventana pude ver que la patrulla de la migra rondaba el lugar, no tengas miedo, me dijo la mamá, ellos no tienen derecho de meterse en esta casa, en este país existe un tratado que dice que ellos nos tienen que respetar mientras que ustedes estén aqui dentro de esta casa, asi que mientras estés aqui dentro, nada te pasara, bueno, dijo poniéndose muy seria, soy la encargada, o directora de este lugar, bienvenida dijo, gracias le conteste feliz, me llamo Florabelth, ¿Como? preguntó como preguntaban siempre que daba mi extraño nombre, "Florabelth" le volvi a repetir, bien te registraré en el libro de los residentes, es muy necesario, el gobierno nos lo exige ya que como te había comentado, existe una tregua, o momento de paz para todos los que no tienen documentos, y que lleguen a este pais caminado o nadando, aqui se les da unos dias de descanso y comida asi como ropa limpia para que sigan para adelante, como ellos le llaman al hecho de irse de aqui hacia el norte, mientras que ella trabajaba en tanto papeleo, yo miraba todo sin perderme nada y después de llenar todos los papeles y firmarlos, la señora me llevo por toda la casa.

    Primero me enseñó el baño, y después el dormitorio, al mirar las camitas agrupadas una arriba y otra abajo, me dio la impresión de estar en un cuartel, todo estaba en orden, y sumamente limpio, la mamá me indicó una camita abajo para que yo la usara, esta es tu cama mientras vivas y te portes bien en esta casa, gracias le conteste, me dio ropa de cama y jabón, cepillo de dientes y demás útiles de aseo asi como una toalla, de ahi dirigimos nuestros pasos hacia el comedor, me sorprendió mucho el orden y la limpieza del lugar, ahi habia muchas mesas de madera, asi como largas bancas, y varios botes de basura, una gran ventana separaba la cocina del comedor, habia que hacer linea en ella para recibir un plato de la comidita que Dios les mandara dia a dia a esas buenas personas, una vez que traspasamos la limpia y amplia cocina, salude a algunos voluntarios que cocinaban para la cena, ¿Ya comiste? me preguntó la mamá no, aún no le contesté, "si gusta puedes comer algo de lo quedo del desayuno, gracias le dije, algunos de los compañeros se acomidieron a servirme algo y un gran vaso de leche fresca, la mamá me dijo cuando termines de comer, me llamas para llevarte a la ropería de esta casa, creo que necesitaras algo, está bien gracias le contesté, después de darle las gracias a Dios, comí, y luego me despedí para dirigirme hacia la oficina de la mamá, ella me llevó a un cuartito, la ropería le llamaban, mientras que habría me dijo, toma lo que necesites de aqui, y me hizo entrar, una vez adentro miré tanta ropa bella, que lástima que no pensaba quedarme a vivir ahí me dije, porque había ropa linda de verdad, tomé solo lo que necesitaría para mi estadía ahí, una mudada de ropa para cada día, algunos pares de zapatos, y unos pantalones de mezclilla, un suéter y una pequeña mochila de esas que se cuelgan en la espalda, la que sería mi compañera de ahí en lo adelante, en mi dura trayectoria hacia el norte, también me encontré con unas botas al estilo militar y unos tenis, eso me dio tanto gusto, porque los mios ya andaban mal después de la mojada y enlodada que les había dado, estaban para la basura.

 Después de recoger todo lo que necesitaba me dediqué a mirar todo, me gustó mucho que tenían una lista para trabajo, me apunte para cocinar como voluntaria en la cocina, a mí me gustaba mucho cocinar, siempre me había gustado y lo hacía con mucho gusto, al día siguiente ayudé a cocinar para treinta y seis personas, lo hicimos entre cuatro, después alguien más, lavaba los platos y la limpieza general la hacíamos entre todos, cuando terminamos me sentí útil, tanta organización me dejo sorprendida, verdaderamente admiro mucho a casa Romero, la cual después llamaron Ozanam Center, que gran labor llevan a cabo, casa, comida caliente y un poco de ropa, ayuda tanto a las personas que vienen de paises muy lejanos caminando por largo tiempo, esta casa los salva de una muerte casi segura, ahí en esa casa pude hacerme de varias amistades, ahí me dieron quince días para quedarme, en ese lugar pude relajarme un poco, pero me faltaba lo peor, pasar "La Maldita Quineña del Demonio," como ahora llamo ese lugar, de pronto alguien interrumpió mis pensamientos, escuche música, algunos de los compañeros estaban reunidos en medio del parque y cantaban la melodía, tres veces mojado, una canción que habla de que algunos salvadoreños que venían indocumentados por tres paises, para poder llegar a este país, ¿Tres veces mojados? debe de ser terrible pasar por tres paises indocumentado, que horror yo solo llevo uno y casi me vuelvo loca.

El hombre cantaba algo así, son tres paises los que tuve que pasar, por tres paises anduve indocumentado, tres veces la vida tuve que arriesgar, por eso dicen que soy tres veces mojado. ¡Tres veces mojado! pobre, jamás me lo hubiera imaginado, como decía la canción, el mismo color de piel, y aun así en los paises que tuvo que atravesar les llamaban ilegales. En ese lugar pude notar la afluencia de inmigrantes, personas que venían de paises muy remotos, lejanos, pero parecían muy felices, ¿Esta gente no tendrá hijos?

Al momento me sobresalté, ¿cuántos días habrán pasado ya? y no había avisado a mis familiares nada acerca de donde estaba y que pasaba, salí corriendo y le grité a la mamá, ¿Ella se espantó, ¿Que te pasa? Me preguntó espantada lo siento, solamente le quería preguntar que ¿Cómo le puedo avisar a mi familia que me encuentro bien? Pero niña te voy a dar de coscorrones, me contestó la simpática señora, eso no es difícil, solo escríbeles una cartita y ya, ¡Y ya¡ qué fácil, y luego ¿Cómo la mando? Usted me dijo que la migra esta allá afuera, entonces ¿Cómo voy al correo? Mira, tú escríbela y yo te la mando, aquí tenemos sobres, papel y unas estampillas para mandar tus cartas, escribí una carta y se la di, ella puso la dirección de mi casa al sobre y un par de estampillas postales, y la deposito en una caja donde tenía varias cartas para entregar al cartero al día siguiente, me sentí a gusto, por lo menos mis apaches y mi mamá sabrían que estoy muy bien.

Los días pasaron y empecé a relacionarme con las personas, y a hacer muchas preguntas para saber cómo podía irme del lugar, para adelante como muchos decían, al parecer la siguiente garita de inmigración, era la más difícil de pasar, había que estar muy bien preparado para poder lograrlo, y yo tenía que hacerlo, no había de otra. Me dediqué a tomar nota de lo que tenía que hacer, también descubrí que ellos hacían grandes caravanas como de veinte personas para irse del lugar.

Vi la parte buena y la mala de la situación, lo malo era que si me equivocaba y me juntaba con las personas malas, me podía ir muy mal, como violarme, golpearme y hasta secuestrarme, algunos hombres me daban la impresión de ser lobos hambrientos, se contaban historias de hombres que se llevaban a las chicas bonitas, o las que venías solas, y si no se dejaban violar las golpeaban muy feo, algunas aparecían muertas por ahí en el monte, o las vendían en los centros de prostitución.

Cuando me entere de esto, me dio mucho miedo, me dieron ganas de regresarme, pero ya estaba ahí, ahora solo me restaba ser muy inteligente y tomar sabias decisiones, se trata de mi vida pensé, tenía que medir muy bien el terreno que pisaría, cualquier error sería fatal para mí. Los días pasaron y yo me iba por ahí a limpiar casas con personas que venían a solicitar de nuestros servicios, aunque pagaban tan poquito, era mejor que nada.

Yo estaba alerta a todo buen consejo, mi buen comportamiento y ayuda que aportaba a la casa me dieron un buen crédito, y la mamá Doña Carmen y sus hijos me aconsejaban muy bien, verdaderamente no tengo con que pagar la ayuda que esa casa me dio a mi y a mis compañeros. (Casa Romero, Ozanam Center).

El día de la gran partida llegó, saldríamos a las siete de la noche, éramos nueve mujeres y seis hombres, buscamos quien nos diera un raite por ahi apareció un coyote, (traficante de humanos) y lo hizo.

Por fin la hora esperada llegó, los nervios se nos notaban en la cara a todos, todos teníamos miedo, y más yo, ya que era mi primera vez de fugitiva en un país extraño.

El coyote por fin llegó, un largo silbido nos lo indicó, y salimos cautelosamente y en silencio de la que fuera mi casa por unos dias, casi llorábamos al despedirnos de los administradores y de los que se quedaban.

Vamos muchachos decía el coyote, suban rápido o me friega la migra y a ustedes también, subimos lo más rápido y callados que pudimos, cuando por fin estuvimos todos adentro, el coyote nos llevó con rumbo desconocido, se notaba el nerviosismo en todos. Si corríamos con suerte bajaríamos en unas cuantas millas y de ahi caminaríamos un buen tramo a pie, pero si algo saliera mal, la migra nos agarraría y nos regresarían para nuestro país, México, bueno eso en caso de que fuéramos mexicanos, y los que venían como del Salvador, Honduras Nicaragua, los regresarían a sus lugares de origen.

Por el camino me di cuenta que todos iban súper callados, ya no eran los escandalosos que estaban en Casa Romero, traté de darles ánimo y empecé a jugar con ellos, ¡Ya no sean chillones les dije distrayéndolos por un momento total si la migra nos cacha, no echa para nuestros países y ya, y al otro día nos regresamos de nuevo y nos vemos con la mamá, ¡Haaaa! Boba me dijo uno, otro me dio un manazo y la que menos me dijo, me dio un pellizco, "¡Hay menso, me dolió! Para eso te lo di, y te daré otro si sigues con tus chistes macabros, sangrona, (¿Sangrona yo? Si tú hay ya, miren si eso pasara yo sé cómo regresar nadando por el río, todos me vieron con cara de que mentirosa, mejor me calle antes de que me aventaran por la ventanilla, pobres cuanto miedo tenían pensé, si yo que vengo solamente de la vuelta de la esquina como ellos decían a los que venían de México, tengo tanto miedo, y eso que no me ha ido tan mal.

De pronto el chófer nos dijo, muchachos están listos, los voy a bajar cerca del bote de la basura que sigue, en cuanto bajen corran al monte sin detenerse, y recuerden que tienen que caminar tres millas para adentro a la derecha y en cuanto vean la postería, caminaran de frente debajo de ella o cerca, hacia el norte, escucharan los carros pasar por la izquierda, de frente, si se van por la izquierda sobre la vía del tren, los escucharan a la derecha, siempre de frente. En cuanto paro, todos bajamos rápidamente y en silencio ¡Diablos¡ Pensé para mis adentros, esto está más oscuro que la boca de un lobo, no alcanzaba a ver más allá de mis narices, parecía un gato en la oscuridad, que digo gato, por lo menos ellos ven de noche y yo ni eso.

De pronto me di como unas tres caídas, y me dio risa, "Shhhh, cállense porque nos pescan" dijo uno por ahí, "ba ustedes no tienen sentido del humor," les contesté enojada, ¡Tú has de estar deschavetada! Me dijo otro, no, no, lo estoy, pero que me gano llorando, bueno, en eso tienes razón, ya cállense, ordenó alguien y se hizo el silencio.

Vamos muchachos acuérdense de las instrucciones que nos dio el coyote, sobre la postería y ala derecha y luego de frente, con los carros a la izquierda, o sea la carretera 77, los nervios no mepermitian pensar...

Alguien dijo paremos y pensemos, o la vamos a regar, primero busquemos para donde está la postería, me di cuenta de que todos hacíamos grandes esfuerzos para encontrar los postes de la luz, por fin uno de ellos señalo a lo lejos, miren allá, a la derecha se ven unos postes, voltie hacia donde el chico señaló y era verdad ahi estaban los postes, pero se veían muy lejos, ¡Que lejos está!

Dijeron todos, es verdad está muy lejos, pero si nos quedamos aquí jamás llegaremos, será mejor apurarnos, todos empezamos a caminar, íbamos en el más profundo silencio, después de un largo rato caminando y en silencio, por fin llegamos.

El golpe de alguien que cayó al suelo, me sacó de mis pensamientos, una que otra risita se dejó escuchar, el susurro de las voces apenas se percibía, todos teníamos miedo, eso era algo muy natural en los humanos, cuando por fin estábamos justamente debajo de la postería alguien dijo, ahora a caminar de frente sobre la postearía, asi lo hicimos sin olvidar que deberíamos de llevar la carretera 77 a la izquierda, la cual se escuchaba justamente a la izquierda, lejos pero se escuchaban los carros, caminamos gran parte de la noche, todos en silencio, de vez en cuando escuchábamos algún ruidito natural del campo que nos espantaba, o como cuando escuchamos aullar a los coyotes y casi se nos paraliza el corazón, parecían estar muy cerca de nosotros, con miedo recordé que cuando estábamos en la Casa Romero, alguien nos contó que ahí, en ese lugar, los coyotes estaban encarnizados, acostumbrados a comer carne humana, ya que con mucha frecuencia mucha gente muere por ahí, y se convierte en carroña y ni quien se dé cuenta, la verdad recordar eso me dio miedo.

De pronto algo me saca de mi pensamiento, tratábamos de cruzar un camino de terrecería, cuando de pronto vimos que la migra estaba ahí, todos corrieron en varias direcciones, yo no pude moverme del miedo, de pronto sentí que alguien me dijo en secreto jalándome fuertemente, camina para acá o te agarraran y me metió debajo de unas ramas, espantada me tire en el suelo y de ahí tirada de panza, pude ver que la migra correteaba y agarraba a varios de mis compañeros, en un momento me quise acomodar porque tenía una rama atorada en el pecho, pero el muchacho me dijo "¡Shhhh! no te muevas porque nos cachan," así que tuve que aguantarme, esa rama me estaba lastimando mucho.

Pasó un largo rato en el que me sentí muy mal y sobre todo que tenía miedo, mucho miedo, la migra revisaba por todos lados con grandes lámparas de luz, y subía a algunos de mis compañeros a las camionetas, después de un largo rato se fueron, nunca supe si alguno de mis compañeros se había quedado o no, de pronto me acordé del muchacho que me había jalado, estaba aún ahí, a un lado mio y me dijo creo que ya se fueron, parece que el peligro ya paso, ¿tú crees? Si, ya se fueron" afirmó y se paró a espiar, si, ven, ya se fueron, y me dio la mano para levantarme, párate y esperemos, ten paciencia necesitamos esperar un poco más para estar muy seguros de que la migra no regresara, o quizás ver si alguien se había quedado, paso otro largo rato y me dijo creo que ya no hay nadie y dándome la mano te ayudo a parar, después se presentó conmigo, me llamo Andrés y soy mexicano, y bueno, estoy aquí tratando de cruzar hacia el paraíso, rumbo a los Estados Unidos de América, hola le dije dándole la mano, y olvidándome por un momento del miedo, me llamo Flor, estoy aquí porque mi mamá me mando al pan y me perdí, él se rio de muy buena gana de mi ocurrencia, "mucho gusto" me dijo, la situación me pareció grotesca, jamás hubiera pensado, ni de chiste que un día iba a conocer un joven en medio de la oscuridad y en un monte lejos de la civilización, platicamos de esto y de aquello, en ocasiones nos ganaba la risa, todo era tan chistoso o increíble, después de un rato de rica charla ahi a medio monte con un desconocido, él me dijo mira tenemos que seguir, pero tenemos que ser muy cautelosos si no queremos que nos encuentren, está bien le conteste, en realidad se veía un buen muchacho, porque cualquier otro hubiera tratado de pasarse de la raya.

El traía el mismo propósito que yo, tratar de sacar adelante a su familia, qué digo mismo proposito en realidad yo no había venido para eso, lo mío fue algo muy fuerte y diferente, pero tratar de sacar a mi familia era algo que si coincidía con él, además de que me contó que tenía a sus tres hijos una esposa y su mamá, asi charlando nos fuimos caminado por ahí, un largo rato, después nos encontramos con otro caminito de terracería, el muchacho me dijo ven, estos caminos son muy peligrosos, paremos para observar, está bien le dije y nos detuvimos debajo de unas ramas, estuvimos observando por largo rato, pero no se vio nada, Andrés me hizo una seña con la mano, quédate aqui, ahorita vuelvo, voy a ver que me hallo, está bien le contesté en secreto y me escondí debajo de unas ramas, mientras que él se fue caminando con rumbo al caminito y volteando para todos lados, y logro cruzarlo cuando ya había caminado un buen tramo, le salió la migra, no supe ni de donde, yo me quedé ahí debajo de las ramas mirando, los de la migra como siempre estaban ahi adelante, pude comprobar que era cierto lo que se decía, que siempre que agarraban a unos, volvían a salir más adelante ya que muchos habían corrido y se habían escapado por el monte.

Andrés se sorprendió, y yo, como siempre no pude moverme, ni alcanzaba a escuchar lo que le preguntaron, ni que les contestó, después de esperar y buscar por ahí un buen rato se fueron, Andrés jamás volteó para donde yo me encontraba, ni me delató, si que era todo un caballero, yo lo sabía desde que lo conocí, que Dios lo bendiga me dije, ahora el miedo para mí era mucho más grande que antes, confieso que quedarme sola en esos lugares para mí fue terrible, pero ¿Que le hacía? y lo peor era que estaba ahí cerca, muy cerca de La Maldita Quineña del Demonio, pero no sabía exactamente ¿Dónde? ¿A qué altura? Las lágrimas se me salieron y junto con ellas se me quitó lo valiente y positiva que venía y llore, llore mucho pero en esta ocasión me tuve que consolar sola, y me pregunte, ¿Y ahora que Dios mío? A suertecita la mía, no daba una, todo me sale mal pensé, pero luego rectifique, no todo me sale mal, mal les fue a los que se llevaron porque aunque me haya quedado sola, sigo aquí, en el camino correcto hacia donde quiero ir, solo me resta seguirlo con mucha cautela me pare y dije que Dios me ayude.

Con lágrimas en los ojos implore al único Dios verdadero y todo poderoso para que me ayudará a salir de esto, mientras meditaba de pronto escuche allá a lo lejos el bramido de una vaca, de seguro que ya me había olfateado, las vacas siempre braman cuando ven u olfatean a alguien desconocido, desde que era una niña sabía que las vacas eran chismosas, siempre te delataban, así decía mi tío negro, y mi abuelita también ¿Dios mío dónde estoy? Busque con la mirada algo que me pudiera ayudar y mire un árbol cerca de mi escondite de ramas, camine cautelosamente hacia él, y con miedo y todo, me subí, la verdad creí que eso sería mejor que estar abajo, la sola idea de que algún animal de ese lugar me podría atacar me aterraba, me sentía más segura arriba del árbol, Qué hora serán creo que ya mero amanece, moje mi dedo con saliva para tratar de ver hacia donde corría el aire, y así poder esconderme de los animales del rumbo, ya me había acostumbrado a la oscuridad, note uno que otro animalito salvaje aparecía por ahí, la verdad cuando escuchaba el ruido de su caminar, me daba más miedo, el corazón quería salírseme del pecho, así que procuré cortar una rama larga y gruesa del mismo árbol que me protegía, así, si algún animal me quería atacar tendría con que defenderme, pero no todo era patético, ahí arriba de ese árbol mi temor fue recompensado, cuando tuve la fortuna de asistir a un fabuloso concierto de grillos, jamás nadie me había brindado tan hermoso homenaje, especialmente para mí, como único humano presente en esa área, y lo mejor de todo, que fue gratis, los músicos aquellos una vez que sintieron que yo no los iba a atacar empezaron su concierto.

Recuerdo que siempre le había tenido miedo a la oscuridad, pero ahora no me parecía tan terrible, aparte de sentirme a salvo sobre aquel árbol, sobre todo muy bien acompañada con los músicos esos, con los que el destino me estaba brindando una fabulosa bienvenida. No supe cuánto tiempo estuve ahí, para mí fue mucho tiempo, por fin empezó a ponerse más oscuro y luego empezó amanecer, con la claridad todo parecía más bonito, desde arriba del árbol pude ver la claridad que empezaba a salir, decidí bajarme de ahí, ese árbol me había servido de refugio, y me había ayudado por lo menos a no tener tanto miedo, cuando bajé me senté en el suelo a meditar, un conejito que paso por ahí me saco de mis reflexiones, brincando graciosamente y se me acercó, se paró frente a mi y se me quedo viendo y yo lo salude, "buenos días conejito," el me ignoro y yo *seguí hablándole "¿Sabes? Me perdí de mis compañeros y tengo miedo, a todos se los llevó la migra, bueno eso es lo que creo, porque no veo a nadie más por aquí, como me gustaría que hablaras para que me dijeras para donde ir sin que me cachen y sobre todo dónde estoy? El conejito solo se dedicó a comer ramitas secas por ahí como si nada, mire el paisaje, en realidad todo era muy hermoso aun a pesar de que el día estaba muy frío, me quede mirando tanta belleza, como me hubiera gustado tener un lienzo y un cincel para plasmar todo ese paisaje en un cuadro, había tanta belleza por ahí, o por lo menos tener un lápiz y un papel y así describirlo más detalladamente pero como no tenía nada de eso, trate de grabar en mi mente todo lo hermoso que estaba viendo, los árboles estaban ahí de pie, algunos desnudos otros con un color verde musgo, o luciendo un color dorado o plateado, que cubría fabulosamente su desnudes, los cactus estaban ahí dándole la cara al sol, sin calor, sin frío, fuertes sin temor alguno, todo se veía muy hermoso, un poco de color verde seco cubría la pradera, y algunas ramas encogidas por ahí, se me antojaba que tenían frío y fielmente las acompañaban algunos animalitos salvajes, unos por acá otros por allá, el rocío de la mañana mojaba todo y por ahí el señor sol queriendo o no se asomaba con mucha flojera, anda flojo le dije, cerrándole un ojo, asómate que tengo mucho frío pero como el me ignoro también, no me quedo más que seguir mi camino, bueno te espero por ahí, adelante, hacia el norte, empecé a caminar, los carros se escuchaban hacia mis espaldas, y decidí emparejarme con ellos que me quedaran a la izquierda. Una vez en el camino correcto, seguí caminando por ahí con mucho miedo, cautelosamente, el ritmo de mis pasos era ágil, aun a pesar de lo cansada que se suponía debería de estar, me sentí muy insegura, si tan solo alguien me acompañara pensé, ¿dónde estaré y cuanto* me faltara? Lo único que sabía era que estaba muy cerca de la garita de inmigración, "La Maldita Quineña del Demonio" El cuco de muchos inmigrantes, recordé varios rumores que había escuchado, entre ellos, que la migra estaba muy alerta en ese lugar, y que por aquí era muy difícil pasar, y eso me preocupaba porque era mi trayectoria, me gustara o no, ¿Qué tan cerca de ellos estaré? ¡Diablos! me decía, ¿Cómo me vine a meter en este canijo lío?

Lo cierto era que estaba ahí en el lugar indicado y tenía que continuar, caminé como dos horas más, y empecé a sentirme cansada, arrastraba los pies y sobre todo tenía hambre y sed, de pronto olvide todo porque escuche unos ruidos poco comunes por esos rumbos, me escondí y decidí espiar, eran algunos, muchachos hispanos, ellos salían cada que escuchaban un carro venir para pedir un raite y nadie los quería levantar, y se volvían a esconder, de pronto vi que unos corrían recio hacia adentro, ¿Qué pasa? Me pregunté, vi que algunos espiaban y por más que intenté no lograba ver a los demás, caminé despacito por entre las ramas y noté que ellos habían descubierto un bebedero de agua para las vacas, de pronto reparé en que, si ahí está el bebedero de las vacas, de seguro que ellas estarán muy cerca de por aquí, miré por todos lados con miedo de que una vaca brava estuviera por ahí, pero no miré ni una.

Tenía ganas de llamar a los muchachos pero me daba miedo, que tal si me golpean o me violan, no, lo mejor será estar lejos de ellos, ojalá que no me descubran, me hinqué debajo de los árboles para mirar mejor, y seguir espiando, escuche otro ruido, y voltee a mirar, varias vacas venían corriendo hacia donde yo me encontraba, los muchachos las vieron y se retiraron del bebedero, uno de ellos dijo, busquemos un palo o algo con que defendernos de ellas, parece que son vacas bravas, palabra mágica, sin pensarlo dos veces, les grite chavos, espérenme, todos voltearon a mirarme como si vieran un fantasma, y olvidándose de vacas bravas y todo, uno de ellos grito, ¡Chales una vieja! mientras que yo corrí hacia ellos y sin darles más tiempo, les pregunté, "¿Me puedo ir con ustedes? Uno de ellos me contestó, "seguro las que sí, ¿De dónde saliste? Me perdí, les dije tímidamente, ayer la migra se llevó a todos mis compañeros, me he quedado sola, uno de ellos contestó, ¿Como sola? Aquí estamos nosotros o Qué crees que somos fantasmas? De pronto alguien dijo gritando fuertemente. "¡Aguas, las vacas! Y paso corriendo como una liebre enfrente de mí, mientras que una vaca roja lo seguía con mucho coraje, todos los chicos lo siguieron y querían quitarle a la vaca, yo me moví detrás de un árbol, mientras que los muchachos bailaban detrás de la vaca y le gritaban, ¡Aja, vaca! ¡Aja! Durante unos minutos bailaron y golpearon con varas a la vaca terca que quería golpearlos, por fin todas las vacas se fueron, y todo volvió a la normalidad.

¡Uf de la que me libré! Me dije, mientras que los muchachos olvidando donde se encontraba, festejaban la hazaña con grandes carcajadas, ¿Como te llamas? Me pregunto uno, me llamo Mary mentí, bonito nombre, yo soy Juan dijo alguien y así uno a uno se presentaron conmigo, tratando de aparentar tranquilidad, pasó un rato mientras que les platicaba lo que me había pasado cuando la migra se había llevado a mi grupo y de cómo me la pase sola, también les conté que me había encontrado con un joven muy bueno que me había ayudado porque tuve miedo y que me quedé parada sin poder moverme y que él me jalo de un brazo para que me escondiera, todos ellos estaban atentos escuchando mi relato, de pronto les pregunte, ¿Dónde estamos? "En China," me dijo uno de ellos muy sonriente, ya, en serio, bueno, en serio estamos en cha, cha cha cha, felicidades, estamos un poco adelante de la garita que se llama La Quineña, cerca del parqueadero, ó sea el área de descanso, ¿Ya pasamos la Quineña? Pregunte feliz, si, ya la pasamos y desde aquí se puede ver el área de descanso dijo uno, "mira ven," y fuimos y nos asomamos por las raídas ramas, si, efectivamente vi una arrea que parecía un parque, se encontraba en medio de la carretera, y muchos carros se paraban ahí, en realidad no estaba muy lejos de donde estábamos ni tampoco estaba lejos de la carretera, es todo dijo uno de ellos tirando un grito ranchero, la regañada no se hizo esperar, oye cállate la boca, no estás en tu rancho, ni con tus vacas, que tal si por tu culpa la migra nos cacha, ya hombre un gritito ranchero de puririto gustote, si que tal que si por el gustote ese tuyo, nos encuentran y entonces iremos de regreso a gritar a tu rancho todo el día? Un manazo por la cabeza le callo la boca al regañón, ya hombre, ya, no fue para tanto, Después conversamos un poco de cómo te llamas, de dónde vienes y platicar detalladamente la historia del viaje de ambas partes y tomamos un poco de agua, guacala, que fea agua dijo alguien, ¿Pues que querías? ¿Agua de melón o qué? Agua es agua y cállese ya, dijo otro regañón ante la queja de la bendita agüita que estaba por ahí como premio a nuestro esfuerzo.

    El hambre apremiaba, nuestros estómagos reclamaban algo de comer todos teníamoshambre, ¿Porque no nos comemos unos nopalitos asados ¿Que, nopalitos? Y luego asados, no quieren una carnita también, que no ven que la lumbre nos puede delatar, ya estamos cansados de nopales crudos, yo sé, pero es lo único que hay por aquí, de pronto me pare del suelo y les dije siento mucho no haber traído el menú y camine rumbo a la nopalera, alguien se acomidió a ayudarme y empezamos a cortar algunos nopales, después de un rato regresamos debajo de los árboles que nos cubrían totalmente y otro muchacho me ayudo a pelar algunos y entre platica y platica estuvo listo el almuerzo, "¿Gustan muchachos?" Todos tenían cara de fuchi, bueno ni modo porque yo si tengo mucha hambre y no se ni cuando voy a comer algo decente, uno a uno se fueron acercando ¿Esto es mejor que nada en el estómago, no creen? Mientras saboreaba el banquete que Dios en su bendita misericordia nos había mandado, pensé que a lo mejor ellos no habían comido nada más que nopales en todo el camino, rápidamente acabamos con todo y entre nopales, vacas y preguntas nos pasamos un buen rato, "¿Qué bonito día de campo no creen?" Dijo alguien por ahi que estaba tirado boca arriba con las manos debajo de la cabeza, si, le contesté pero necesitamos seguirle si, verdad, dijeron otros vámonos, ya y nos paramos de donde estábamos, y empezamos a caminar, los muchachos jóvenes se jalaban entre ellos aplicando latradicionales pataditas que dan cuando quieren quedar bien con alguien, en ese momento yo era la única mujer del lugar, y a lo mejor la única que ellos habían visto durante muchos días, me dio risa verlos, todo era despreocupación para ellos, lo que es ser tan joven, pensé, no tendrán familia, si yo tan solo de encontrarme tan lejos de los míos y de mi patria, me siento deprimida, un suspiro se escapó de mi pecho, cuando volveré a ver a mi mamá y a mis apaches, ¿Estas triste? Me preguntó un muchacho, la verdad si, como me gustaría mandar todo esto al carajo y regresarme corriendo a mi casita con los míos, no, ni lo pienses, ¿A poco todo lo vivido por estos montes, lo vas a mandar al carajo ya cuando hemos llegado a nuestro destino? Ya estamos aquí, en los Estados Unidos, ya pasamos todo, lo peor ya pasó, ánimo amiga, ya llegará el día de regresar a tu casita, como tú le llamas pero regresar con los sueños hechos realidad, ánimate hombre, ven vamos a ver desde aquí el parqueadero, para ver cómo le hacemos para salir a buscar un raite, ¿No crees que será mejor caminar un poco más? No, mira yo creo que ya la armamos," "¿Ustedes creen? Yo creo que sí, dijo otro, solo necesitamos un buen raitero, mientras ellos lo discutían yo estaba de rodillas en el suelo mirando como un felino detrás de las ramas, me sentí ridícula, pero no tenía otra alternativa, de pronto les dije, ¡Oigan esto ya parece peregrinación, o penitencia! Tenemos horas de rodillas, sí me contestó otro riéndose, ni cuando voy a las peregrinaciones de la Basílica de Guadalupe duro tanto de rodillas, no y eso no es nada, lo único que nos falta es hincarnos en una penca de nopal, dijo el gracioso del día, se escucharon risitas burlonas y un clásico Shhhh, ya cállense la bocota.

Me quedé observando los movimientos, a mí no me parecía oportuno salir ahorita, había demasiada gente por ahí, que tal si alguno de los de la migra estaba infiltrado entre ellos, eso sería demasiado arriesgar, vámonos dijeron otros y uno a uno fueron saliendo, mi amigo me dijo, nos vamos, no, le contesté creo que es mejor que esperemos un momento para ver qué pasa, esta bien, si gustas iré a echar un lente por ahí y regreso por ti y sin esperar respuesta se fue corriendo atravesando la carretera llena de carros, vi como los otros hacían señas a quienes pasaban manejando o simplemente caminaban de reversa por ahí pidiendo un raite, me quede pensando en si salir o no, de pronto tome una determinación, yo creo que mejor le sigo otro rato, no sea la de malas, aunque tengo miedo, tengo que hacerlo, ya había sufrido mucho y cometer un error sería fatal para mí.

Me pare del lugar y emprendí la partida hacia adelante, con una mirada me despedí de los muchachos, suerte les dije mentalmente, ellos se veían muy felices de haber llegado hasta ahí, así es la vida me dije y lentamente caminé sola por esos montes desconocidos para mí, tenía miedo, mucho miedo y sobre todo mis pies ya no soportaban la caminata, además de que las fuerzas me traicionaban, por lo que le ordené a mi mente seguir caminando y así lo hice.

Distraje mi atención mirando el campo y a los animalitos que a mi paso salían, y que corrían a esconderse del intruso que estaba invadiendo sus territorios, siempre me había gustado ver la naturaleza, ahora era mi oportunidad de verla y así distraer mi mente de lo cansada que me sentía, y del miedo que tenía, no supe cuánto tiempo camine, solo sé que fue mucho, la garita de la migra se había quedado muy lejos, atrás, y el parqueadero también, ya no se veía a nadie, ni se escuchaban los carros que paraban.

Decidí salir ahí, una carretera de doble sentido me recibió, era la carretera 77, y vi que un sin fin de carros pasaban muy cerca de mí, pero por más que pedí ayuda, nadie me daba un raite, seguí caminando con miedo a ser descubierta por la migra, por fin después de mucho tiempo, una camioneta blanca se paró y alguien me pregunto, ¿Necesitas un raite? Si gracias les dije y corriendo me subí, sin saber quiénes estaban arriba, una vez dentro vi dos hombres, y también noté que ellos iban tomando, el olor a licor ofendió mis sentidos, me dieron ganas de bajarme pero ya era muy tarde, los dos hombres se miraron y se sonrieron, yo temblé de miedo, y me volví a preguntar ¿Y ahora qué? Dios mío.

Caminamos un gran rato por la carretera 77 al norte, el acompañante del chófer, le dio un buen sorbo a la cerveza y le dijo al otro que parara porque iba a hacer pipí, los dos se bajaron por la misma puerta y se pegaron a la camioneta para orinar, pelados pensé volteándome para el otro lado, después se subieron por la misma puerta y siguieron el camino, uno de ellos volteo a mirarme y me pregunto, nosotros vamos para Houston, Texas, ¿Tú quieres ir para allá? Está bien le dije sin darle las gracias, mira yo soy casado y este es soltero, si gustas te puedo adoptar en su cuarto, ¿Como la ves? Me preguntaron y soltaron grandes carcajadas, eso me dio tanto miedo pero lo disimule, inteligentemente les contesté, la verdad es que no tengo para donde ir, no conozco a nadie, quizás un poco de ayuda no me caería mal, si ustedes me ayudan y me permiten entrar a su casita se los voy a agradecer mucho, así se habla dijo el pelado aquel, abriendo otra cerveza y me invitaron una, no gracias, les dije, no tomo, de la que te pierdes, dijo uno, si verdad le conteste, mira por qué mejor no me hacen el favor de parar en una tienda y me invitan un refresco? les dije con una graciosa mueca, si, dijeron ellos y midiendo la carretera de un lado a otro por lo borrachos que iban, soporte sus peladeces, a cada rato me quitaba sus manotas de encima.

Por fin apareció la tiendita, ¿Quieres bajar? Me pregunto uno, si gracias le conteste aparentando tranquilidad, y baje de la camioneta y entre con ellos en la tiendita, ¿Qué quieres tomar? Solo algo ligero, como un jugo o algo, no sé, toma lo que quieras dijo uno de ellos, y abriendo un jugo lo tome casi de un sorbo, mientras que ellos se dirigían al refrigerador por más cervezas, de pronto les dije, ahorita vengo, voy al baño, no me vallan a dejar, No, cómo crees! Aquí te esperamos, me tardaré un poco más de lo normal porque me lavare la cara y tratare de acomodarme el pelo, está bien te esperamos dijo uno de ellos tirándome una nalgada, la cual supe esquivar muy bien.

En cuanto entre al baño lo cerré muy bien por dentro y corrí rumbo a la ventana, para escaparme de ahí, la ventana era muy pequeña y por un momento pensé que no cabría en ella arrime el bote de la basura y lo voltee al revés y me subí, no tenía mucho tiempo, después de no sé cuántos raspones en la piel, lo logré y brinqué hacia la calle y corrí todo lo que pude por ahí sin rumbo, de pronto un carro negro se detuvo, ¿Qué te pasa? Escuche en español, "¿Necesitas ayuda?" "Sí por favor ayúdeme," "¿Quieres que llamé a la policía?", "No por favor" le dije con miedo, la mujer me miró y me dijo, súbete, ¿Para dónde vas? A donde sea lejos de aquí, está bien" dijo la buena mujer, y me senté enfrente del asiento, cerca de ella y arranco sin dejar de verme con miedo, mientras yo miraba por el espejo retrovisor, sin importarme hacia dónde íbamos, la señora saco un refresco y me lo dio, ¿Quieres unas galletas? Si gracias, ¿Te estas escapando de la migra? Si señora le dije honestamente, pero por el camino le pedí a alguien que me diera un raite, eran dos hombres, y se querían pasar de listos conmigo, eso es lo malo, contestó ella, esos hombres siempre hacen lo mismo, siempre golpean y violan a las mujeres que vienen solas, dale gracias a Dios que te escapaste me dijo y volteando a verla le dije, y también que me la encontré a usted. Mira yo voy para Houston, Texas, ahí recogeré a mis hijos, si gustas te dejo ahí, en ese lugar hay muchos hispanos, gente que llega de otros países a trabajar, a lo mejor te consigues un lugar para vivir y trabajar, está bien señora gracias le dije, después de intercambiar algunas palabras con la señora me dijo, párese que en la cajuela del carro tengo alguna ropa como un pantalón que se me antoja que es de tu medida, y creo que un suéter, podría servirte, mira creo que por ahí esta una tienda y si pides permiso te cambias en el baño, por lo menos estarás limpia, está bien, le conteste contenta, cuando llegamos a la tiendita paró, anda ve, cambiate me dijo dándome un peine, hazlo en lo que pongo gasolina al carro, gracias señora, no me tardo le dije, y salí rápidamente con miedo de encontrarme con la migra.

Una vez dentro del baño, me lave las manos y la cara y me peine, después me seque y me cambie los pantalones que me quedaron muy bien, el suéter estaba un poco más grande que yo, pero era mejor que nada, tire mi ropa vieja a la basura y regrese a donde me esperaba el ángel que Dios me había mandado convertido en mujer, para que me ayudara, me sentí muy contenta con la ropa limpia, me sentía mucho mejor.

Regrese y ella me esperaba aun, mira que bien te ves me dijo, gracias señora, "Helena" me dijo, me llamo Helena, mira te compre una poca de leche y pan es lo único que tienen aquí, no se hubiera molestado ya me ayudó mucho, le dije, oh no, eso no es molestia, subi al carro de ella nuevamente y salimos con destino a Houston, Texas, por el camino me tome la leche y el pan, y platicando de cosas sin importancia con ese ángel, no supe cuando me quede dormida, de pronto sentí que alguien me daba unos golpecitos en el brazo, oye, despierta me decían, y yo brinque del susto, ¿Qué pasa? Pregunte confundida, ya llegamos, lo siento me dormi, si no te apures, estabas cansada, mira, me dijo, ¿Ves el edificio grande aquel? Voltie y mire mucha gente y un edificio muy grande, si, le conteste, "esa es la central de los camiones de Houston, Texas, toma me dijo Helena, son veinte dólares, te van a ayudar en algo, es todo lo que puedo hacer por ti, gracias le dije mirándola a los ojos y ella me dio un fuerte apretón de manos, "que Dios te acompañe, suerte" me dijo cuando acabe de bajar de su carro y así como llego desapareció y me quede sola nuevamente.

Encaminé mis pasos tímidamente hacia adentro del edificio aquel, con miedo, poco a poco lo fui recorriendo con la mirada, todo eso era algo nuevo *para mí, como me hubiera gustado que fueran otros tiempos y otras circunstancias las que me trajeran hacia ahí, para darme el gusto de pasearme libremente por aquel lugar, pero no era así, ahorita lo importante era acomodarme por ahí en algún lugar para conseguir algo de trabajo y así poder salir adelante, miré mi aspecto, me sentía cansada y sucia, tenía ya un rato sin tomar un rico baño, y con lo delicada que era yo con esas cosas, me recuerdo a mí misma diciendo, yo si no me baño, no despierto, y ahí estaba sin bañarme y despierta, bueno, si a eso le podemos llamar despierto, también me acuerdo que le decía a mi hijo que el día que no me bañara me moriría, y él me preguntaba ¿de que te vas a morir mami? Y le contaba de mugre, él se reía a carcajadas, mira que, si te lo creo, así como tú eres, y ni eso había sucedido, porque estaba viva aun a pesar de estar sin bañarme por varios días, Ahora, lo único raro que tenía era mi segunda piel de mugre, me acordé que el padre de mis hijos me decía, sangrona, cuando agarraba tantita tierra o algo sucio y corría a lavarme las manos y ponía cara de fuchi, cuanto he cambiado pensé mirando mis manos, busque con la mirada una banca y me senté en una que estaba por ahí en medio, noté que la gente parecía no tener prisa, y que eran amables, todos platicaban unos con otros, aunque ni se conocían, todo era respeto y orden, sin dejar de mirarlo todo, recargue mi cara sobre mis manos, trataba de pensar, de pronto sentí que algo me picaba detrás de los oídos, me rasque y una conchuda se cayó al piso, me dio risa, mire para todos lados para ver si alguien había visto pero no, nadie la noto, me quede por un largo rato observándola, ella y yo teníamos algo en común, ese no era nuestro ambiente, estábamos como fuera de órbita, de pronto una señora me vio que la estaba viendo y se le quedo mirando, miren una conchuda dijo y otra que estaba a su lado vino a* ver y así por un largo rato la miraron hasta que pasó el de la escoba y se la llevo, metí mis manos a mi bolsa del pantalón y sacando mi escaso dinero, lo conté, en realidad no tenía tanto, pero anexe los veinte dólares que la bendita señora me dio y me dirigí al mostrador para comprar un boleto para Austin, Texas, la señorita me vio y me hizo el boleto, gracias a Dios me alcanzo para pagarlo, quería poner tierra de por medio, por aquello de que la migra estuviera por esos lugares, la hora de partir para Austin llegó me metí en el carril de salida y ahí chequearon mi boleto y salimos con rumbo a Austin, Texas, recuerdo que se me hizo lejos, caminamos como un par de horas, y por fin llegue a la capital de Texas, que bonita era realmente, la gente tenía prisa y el ir y venir de los camiones me recordó mi mundo, ahí se dejaba escuchar el espanglish, ósea el idioma compuesto entre inglés y español, chicanos como les llamaban a los de la raza México Americanos, o sea hijo de mexicanas con padres blancos, o al revés padres blancos con esposa americana, era divertido oír hablar de esa manera, y sobre todo fácil de entenderlos porque como yo no hablaba inglés así podía cachaba algunas palabras, esa ciudad no dormía, anduve por ahí vagando y el amanecer me sorprendió por ahí en cualquier lugar, en cuanto estuvo bien claro me dedique a tocar puertas y pedí trabajo limpiando casas, por ahí logre acomodarme con una familia que hablaba un poco de español, para hacerles la limpieza y la comida, en realidad pagaban muy poco, pero era mejor que nada y sobre todo que me daban un lugar para que me quedara.

 Por lo pronto tenía techo y comida seguros, así como un poco de ropa que me dieron en una iglesia, pero ese no era mi objetivo, mi objetivo era seguir adelante para trabajar y ganar más, me dedique a trabajar con ellos y junte algo de dinero y tiempo *después rente un pequeño departamento, así era libre de trabajar en donde yo quisiera, podía ayudar a los míos y trabajar en donde a mí me gustara, empecé por hacer limpieza de casas, me iba a las casas de los ricos, y tocaba las puertas y les pedía trabajo de limpieza, aunque no sabía hablar el idioma, me hacía entender y me daban trabajo, por un día de limpieza me pagaban casi lo mismo que me pagara la buena mujer que me recibió, por una semana, me sentía rica, aunque a mí no me gustaba para nada limpiar casas, en mi país yo tenía quien lo hiciera por mí, pero así es la vida y la necesidad apremiaba. Por fin, pude juntar algo de dinero para ir a visitar a mis apaches de nuevo, que feliz me sentí de volver a ver esa familia que tanto quería, dejaba todo botado y volaba a verlos aunque de regreso tenía que pasarla muy duro, pero eso no me importaba, por el momento no podía traerme a mis hijos a este país, no tenía lo suficiente para traerlos a vivir conmigo, no podía exponerlos a que pasaran lo que tenía que vivir yo, y sobre todo exponerlos a que estuvieran todo el día solos en manos de desconocidos, porque para mí que era sola, era muy difícil, trabajaba todo el día y ya como a la seis regresaba a casita tan cansada, arrastrando la cobija, creía que lo mejor para todos era eso, que ellos se quedaran calientitos en la casa de mi mami respirando ambiente familiar y a mí, no importaba que tuviera que andar brincando el charco dos veces por año, total ya tenía práctica, pero, como decía mi abuelita, tanto va el cántaro al agua hasta que se rompe y paso aquello que me dejo marcada para siempre.*

Ese mes era uno como cualquier otro, en esa ocasión regresaba manejando a mi casa a visitar a mis apaches, ver a mi madre y mis hermanos, para mí era motivo de gran gusto, no me importaba tener que deshacerme de lo poco que tenía, lo que con tantos esfuerzas había conseguido, todo lo vendía, regalaba o en algunas ocasiones dejaba lo de más valor encargado con alguien que conocía por ahí, siempre decía si vuelo bueno y si no, ni modo, más se perdió en la guerra, aunque yo nada tuviera que ver con eso de guerras, (solo un dicho), que me importaba eso a mí comparado con el placer de tener la dicha de verlos a ellos, mis hijos y la familia que tanto amo.

    En esta ocasión, cuando decidí hacer esa visita lo pensé seriamente, algo me preocupaba, ¿Por qué? No sé, pero era muy extraño ese presentimiento, ese día mientras que manejaba rumbo a casa de mami trate de distraerme mirando el paisaje, era un día hermoso, mire a mi alrededor, por el camino venían carros de todos lados, los Estados Unidos, la carretera 77 era muy concurrida, vi que los transeúntes tenían placas de Alabama, NC, Georgia, Flora, NY, en fin, pude ver placas de muchos estados, jamás había puesto atención en eso, no cabía duda que cada día había algo nuevo que aprender, el sol calentaba lo suficiente por lo que fue más fácil manejar, además de que le daba las gracias a Dios por haberme permitido comprarme ese carrito, por lo menos tenía un medio de transporte, en realidad en este hermoso país el carro no era un lujo, sino una gran necesidad, ya que en algunos pueblos y ranchos, no hay medio de transporte y era muy difícil andar por ahí. si no tenías uno, para ir a trabajar.

    Ese día maneje toda la noche y pare por la mañana, dormí un rato por ahí, el sueño me gano, así que no me di cuenta del tiempo, y cuando decidí emprender el viaje ya era tarde, por lo que no fue sino hasta el amanecer del tercer día que empecé a ver mi ranchito lindo. Cuando empecé a acercarme sonaba el claxon de mi carro y gritaba de puro gusto, que me importaba lo vivido si ahí estaban los que tanto amaba esperando por mí, los primeros en aparecer fueron Roldan y escubidu, los perros de mi casa, ellos movían la cola y brincaban sobre mi del gusto que les daba volver a verme, pero en realidad era yo la que estaba más contenta de volverlos a ver a ellos.

Y después salieron mis apaches y mi mama, todo aquello se convirtió en una fiesta, mi fiesta, tengo en mi mente los gritos de mis sobrinos, sobre todo la voz de el güero, que me gritaba tía, tía, ¿qué me trajo tía? y la de mi niño Tizoc Israel, mi sobrino tan querido, así como la de Omar, todos estaban ahí presentes, sin faltar a esa cita que tenía yo con ellos, cada que llegaba iba cargada de cosas lindas para los que tanto amo.

Poco a poco apareció toda la familia y mi premio fueron abrazos y besos de parte de ellos, mi hermano sol, como yo llamaba a ese gordito simpático que yo quería tanto, Osvaldo, se asomó por una de las ventanas, hola carnala, ¿Como estas? Me dijo dando un salto por la ventana, y una vez cerca de mi, me dio un abrazo de oso, que casi me deja sin respiración, mis apaches se morían del gusto, y mientras hablaba con ellos noté cuanto habían crecido, ya eran unos jovencitos, así es la vida tendré que hacerme a un lado para disfrutar de sus cosas y su juventud, mire también que para mi mami, los años no pasaban, estaba igualita que siempre, además de conservar ese franco buen humor que la caracterizaba, mientras la observaba suspire, mi mami, cuanto amo a esa mujer tan fuerte creo que está hecha de hierro, no se cansa, jamás la vi quejarse de nada, pasará lo que pasará ella estaba ahí, siempre dispuesta a trabajar para nosotros, mis hermanas platicaban algo sin importancia y se reían de todo y por nada y así entre pláticas y bromas llego la noche, adiós cuñada dijo mi cuñado Evaristo, Sonia y Charito se despidieron también.

Las sombras de la noche caían sobre aquella linda casita, ahí había pasado mis mejores días, algunos días de mi niñez y parte de mi juventud, solo faltaba ahí mi abuelita, la viejita linda a la que ame más que a mí misma, más que a nadie en este mundo, ¡El ángel que pasó por mi casa y que no vi¡ La viejita que sacrificó toda su vida por cuidarnos a nosotras, a la que no le importo dejar atrás su casa, todo, todo, por el placer de estar junto a sus queridas nietas, y sobre todo conmigo, ya que yo era su preferida, siempre la vi feliz de tenernos, jamás la vi poner una sola queja de cansancio, nada, sonreír siempre por todo era su vida, como un uniforme, sonreír y amarnos tanto, ella sustituía a nuestra madre, cuando ésta trabajaba, de mi padre se muy poco en realidad, no tanto, él un día se fue y nos dejó solas con mami, también sé que anduvo por ahí con otras mujeres y un día murió, no sé de qué, (Que Dios lo haya perdonado).

Mi mami para mí era como un gigante, esa bonita, si tuviera la oportunidad la inmortalizaba con un hermoso monumento y al ángel que paso por mi casa y que yo no vi, también. De pronto, el ruido que el periquito hacia arriba de las ramas del tamarindo me saco de mis pensamientos, vi los árboles de mango arrastrando los mangos patacones por el suelo, los cocos en lo alto de las palmeras, ahí había limones, naranjas, limas y plátanos, así como nopales, cilantro y chiles sembrados esto me recordó el paraíso que alguien dibujara en la Biblia, que bonito me dije y recordé cuando era muy chiquilla, que días aquellos comíamos muchas frutas, y lo más rico no pagábamos nada por ella, también vino a mi mente los días lluviosos, me acordé de lo pobres que éramos, y que cuando llovía las gotas de agua caían por toda la casa, por todos lados, y mi abue ponía algunas cacerolas para atrapar las gotas de agua que caían al piso, y el ruido que hacían las gotas de agua aunado con el grito de las ranas se me antojaba un concierto, la lluvia tocaba todos los instrumentos y las ranas cantaban, el concierto de la lluvia y, suspirando profundamente, me acordé de cuando hacia frío oh tenia miedo, mi abue me abrazaba y me cantaba un cuento bonito y me quedaba dormida en sus brazos, su regazo.

Que dias aquellos, todo era felicidad, aun a pesar de nuestra miseria, y después cuando nos convertimos en unas florcitas, con que orgullo nos sacaba mami por ahi a lucirnos y si no podiamos salir, simplemente nos quedábamos en casita y nos subiamos todas las muchachas como mi abue nos llamaba, arriba de la cama y platicábamos de lo guapo que se habia puesto fulanito y si se reia asi o asado, ¡Cosas de bonitas¡, A pero que mi abue no escuchara porque nos iba como en feria . . .

Mi mami paso con su comitiva de siempre, el perro y el gato, observe como los alimentaba, ella tenia ahi su mundo, su vida hecha, sobre todo tenia una casita, cosa que yo siempre habia añorado tener, una casita, algún día podré comprarme una pensé con nostalgia, de pronto distraje mi atención hacia mis hermanas Luz Mirella y Luz Maria, las dos se morian de la risa por algo que me estaba perdiendo, "¿Hey de que se rien? Inviten, ven y verás me dijeron en coro, encamine mis pasos hacia ellas para ver lo que les estaba causando tanta risa, en realidad no era nada, pero pude notar que lo que motivaba la risa era la verdadera felicidad, la unión familiar el calor de hogar, ¡Va¡ Babas les dije y comparti con ellas esa boberia, nos reimos por una tonteria, comparti con ellas un momento de verdadera felicidad, de calor familiar pude disfrutar de eso que se llama amor filial y que sólo se podia encontrar en esa querida familia.

En mi estadia ahi pude notar que el hombre de los bigotes de mi casa, como yo llamaba al más grandecito de mis hijos estaba de lo más guapo, y ni se diga mi pequeño amor, (Omar) ese barberillo que un día Dios me mando por hijo, recuerdo con que orgullo los miraba y hablábamos de muchachas bonitas y demás inquietudes de su juventud, y me dio nostalgia el pensar que por andar por ahi tratando de ganarme la vida, me estaba perdiendo de lo más sublime de la vida, ver a mis hijos convertidos en unos jovencitos, mis sobrinas Karla, Karina, Briceida y Florencia estaban convertidas en unas florecitas muy bonitas, ten cuidado aqui, le dije a mami, porque vas que vuelas para bisabuela, ella volteo y me sonrió, yo sé me dijo, peligro a la vista, te hacen bis abuela si te atontas, ni lo dudes . . .

Pasaron los días, días que disfrute a lo máximo, pero tenía que regresar a trabajar, la verdad no quería pero no me quedaba de otra, asi que me apresure a arreglar lo de mi partida, el carrito se quedaría ahí, ya que como yo no tenía permiso para regresar, no podía pasarlo, una pequeña maleta a mis espaldas seria todo lo que me llevaría, todo mi equipaje, senti feo llevar esas escasas pertenencias, además de que un mal presentimiento no me bajaba en paz, no sabia por qué tenía miedo, yo siempre viajaba sola, pero en esta ocasión tenía miedo, creo que todos lo intuimos, todos me pedían que me quedara, dude mucho antes de decirles que no podía hacerlo, esta será la última vez que me voy, trabajaré muy duro para comprarme una casita y me quedare para siempre, de verdad esa era mi idea, regresar una vez más a sufrir de todo ahora en esos campos de frutas para juntar la cantidad necesaria para regresar para siempre con mi familia.

Siempre recuerdo que cuando me estaba despidiendo, mi hermana Sonia lloró y mami le hizo segunda, no lloren les pedí, porque se me hará muy difícil partir, después de muchos abrazos y besos, empecé a caminar lentamente, arrastré mis pies como si fueran de plomo, de pronto escuche, ¡Hey espérame! Voltie y vi que era mi hermanita Sonia, y quien corriendo me alcanzó, y sacó todo el dinero que traía en su cartera y me lo dio, toma, llévatelo, podría faltarte para el camino, gracias le dije abrasándola, y después mire sus pequeños ojitos azules llenos de lágrimas, me escribes me dijo llorando, si, lo haré, te lo prometo, dándole la espalda camine rápidamente por ahí para no arrepentirme, el corazón me dolía, juro que en el mundo no existe una palabra para describir lo que sentía en ese momento, era un dolor tan profundo.

 Sin voltear a verlas sacudí la cabeza para no pensar, y encamine mis pies, o los arrastre nuevamente hacia la central de autobuses, era un día frío, muy frío, especialmente porque llevaba una pena en el corazón quería llorar, agarrar el mundo a patadas, me sentí tan inútil, tan impotente y así pase un buen rato entre sollozos, cuando por fin me sentí más tranquila, llege a la central de camiones y pregunte por la próxima salida, con destino, Tampico, un rato después subi al autobús y una vez en Tampico, pregunté por la hora de la salida con rumbo a Matamoros, a las diez y media me contestó la mujer que vendía los boletos, "¿Quiere un boleto? Si, por favor deme uno," y le pague, mientras esperaba la hora de la salida, encamine mis pasos hacia afuera, tenía tiempo de sobra, me senté en el pastito, había mucha gente por ahí esperando, sentía una gran tristeza, no quería irme, algo me decía, no, no vayas, pero no tenía una casa para poder independizarme y seguir viviendo, ese era el principal motivo por el cual me iba de ese lugar, en cuanto junte el dinero para comprar una casita, me regresare y me quedare.

 Pase la vista por la banqueta de la central caminera, ese lugar parecía toda una Romería, todo el mundo vendía algo, me llamo muchísimo la atención una señora que tenía un vestido azul chillante y dos negras y largas trenzas, que hacían contraste con su vestido, ella vendía revistas y perdía el tiempo mascando, un gran chicle, por ahí vi a un niño que vendía cacahuates, lo que es ser tan pequeño pensé, el chico brincaba y jugaba, se divertía con todo y de pronto, me los ofreció, ¿compra cacahuates señorita? No gracias le dije, pero después me los ofrecía cada dos minutos, me los ofreció como unas veinte veces, cacahuates, cacahuates, cacahuates, me repetía cada dos minutos, y se iba ante mi negativa, pero regresaba y me los volvía a ofrecer, cacahuates, cacahuates, una y otra ez, de pronto me cansó y le grite, ¡Hay niño¡ No, ya te dije que no quiero cacahuates, el niño pego un brinco de miedo, tal vez sin darme cuenta le había gritado muy fuerte y se había espantado y me dijo, si pero no me grite, bueno eso lo entiendo, pero tú no lo quieres entender, y bajando un poco la voz le dije, "te he dicho como no se cuentas veces que no quiero, el niño sin saber que decir, me saco la lengua y me grito, vieja bruja, y se fue corriendo por ahí. La señora que estaba a un lado mío se tiró una carcajada, y me dijo pobre chamaco, hay si le dije con un ademán de fastidio, como molestan, si hombre dijo ella, todo el día o piden o te obligan a comprar.

 Así empezó la conversación con la desconocida aquella, platicamos de todo, ella tenía una conversación muy amena y el tiempo se nos pasó volando, tuvimos que despedirnos, después de prometernos que nos escribiríamos.

 Ya no me quedaba mucho tiempo, sin darme cuenta se me habían pasado las horas, así que me encamine rápidamente rumbo al autobús que me llevaría al destino que la vida me había preparado, me acomode en el asiento y trate de dormir, pero no podía, algo me inquietaba, pensé en que a lo mejor me sentía así, porque mi hermana Sonia había llorado, y sobre todo note que todos estaban muy preocupados, ¿que será Dios mío? Aquella despedida nos había afectado a todos, pasó un buen tiempo pensando en eso y me quedé dormida, no supe ni cuantas horas habían pasado, sólo supe que era tiempo de bajar, y así lo hice sin preguntas ni nada, salí caminando por esas calles, ya tan familiares para mí, conocía el ensordecedor ruido de los camiones de ruta, y el olor a humo que dejaban a su pasada, en realidad ya nada era nuevo para mí, ese era siempre el comienzo a la incertidumbre, a la tristeza y desesperación, después de ahí si lograba pasar a los Estados Unidos eso implicaría pasar por humillaciones y vergüenzas.

Trate de calmarme, el ritmo de mi corazón estaba muy alterado, la verdad, tenía miedo, si eso era todo, pero debería de pensar muy bien y calmarme era lo primero, Caminé por ahí un buen rato, mirando todo, tenía tiempo de sobra para pensar y tenía dinero, así que éste era un viaje sin prisas, tomé la decisión de ir a desayunar algo, miré un pequeño restaurante y entré, el lugar se encontraba muy lleno, parecía estar muy bien acreditado, tomé asiento donde pude y esperé mi turno, mientras esperaba pasé la vista por el lugar mirando la gente, de pronto una mujer que mascaba un gran chicle, se me acercó y me preguntó, "¿Que le sirvo? ¿Quiere el menú? ¿O le sirvo algo rápido? Le pedí el menú y pedí un gran vaso de leche y pan con mantequilla, en lo que la esperaba aspiré el olor a café y pan caliente, ese olor me puso de buen humor, ¿No sé ni por que? La verdad a mí no me gustaba el café, quizás me recordó a mi abue, esa viejita hermosa, recuerdo que ella, si alguien venía de visita, lo esperaba con la cafetera sobre la estufa, y siempre les invitaba una taza de café caliente, aunque estuvieran sudando a chorros por la calor, recuerdo que decía que el café caliente era bueno para quitar el calor, ¿Sería cierto?

Nunca lo supe, solo sé que ese olor peculiar a café, me la recordaba tanto.

El tiempo paso rápidamente, me sentía un poco más reconfortada con el desayuno, pero tenía que hacer algo más para salir de ahí, la enorme preocupación que tenía me estaba ahogando, pague y salí del restaurante, y así caminando sin rumbo pasó un rato, de pronto se me ocurrió una idea, que tal si le pago a alguien para que me pase para el otro lado, total tengo dinero suficiente, bueno dependiendo de lo que me quieran cobrar, creo que no es mala la idea, así que regrese al restaurante, donde había desayunado y le pregunte a la mujer del chicle, "¿Oye de casualidad tú no sabes de alguien que me quiera ayudar a cruzar el río? A los Estados Unidos, Preguntó en voz alta, si le dije, después de pensarlo dos veces, ella alzo la voz y me contesto, no, no conozco a nadie que haga eso que tú quieres, apenada le di las gracias y me retire, y así preguntando por aquí y por allá, llegué al puente Internacional sin saber nada de un coyote que me pasara, y anduve caminando por ahí un buen rato, de pronto un par de hombres se me acercaron, ¡Hola¡ me saludaron, hola, les conteste con miedo, ¿Buscas a alguien que te lleve para el otro lado? La verdad sentí mucho miedo, como lo supo, á lo mejor estaba en la cafetería y escucho cuando pregunte o seria coincidencia, no sé, solo sé que de pronto un escalofrío recorrió todo mi cuerpo, y sin darme tiempo ni a contestar dijeron, si gustas nosotros te podemos llevar para Houston, Texas ¿Cuánto me cobran les dijje con miedo? Mil trescientos dólares por cada uno y es segura la pasada, nadie viene conmigo, yo vengo sola, les dije mientras noté que ellos no dejaban de verme muy raro, después ellos se miraron entre si y les pregunte, ¿Por dónde tienes la pasada? ¿O como lo hacen? Bueno, dijo uno de ellos mirando para estar seguros de que nadie *los escuchaba, mientras yo esperaba pacientemente, y de pronto el que parecía el jefe me tomo del brazo y me dijo, ven para acá, necesito estar seguro que nadie escucha, y caminando por ahí me dijo, mira te voy a explicar, primero los subo en una lancha y después cuando llegamos de aquel lado, ahí nos espera el chófer, el maneja un tramo con nosotros y nos baja antes de la segunda garita de la migra, y se va de paso por la carretera y nos quedamos nosotros dos con la gente, y ahí precisamente en el monte cerca, en ese lugar que se llama La Quineña, ahí nos espera el guía que nos acompañara por el monte ahí caminaremos un ratito para rodearla y después enfrente nos espera el chófer, ahí nos recogerá nuevamente y nos llevará para Houston, Texas.*

No me pareció tan mal la explicación del viaje, y les pregunté, ¿Tienes algunas personas más? Si me dijo tengo a siete personas más, contigo serian ocho, dime si te parece bien y te dejamos en el hotel donde están los demás, está bien, me voy con ustedes, me dio la mano y me dijo te voy a llevar al hotel donde esperan los otros y esta noche nos vamos, está bien le dije con miedo y caminamos rumbo al hotelito que estaba muy cerca de por ahí, en cuanto llegamos unos jóvenes salieron y hablaron algo con el hombre, después me dieron un cuartito, este será tu cuarto, me dijo alguien, no salgas, porque de pronto nos vamos y tiene que ser muy rápido, está bien le conteste y me metí a tomar un riquísimo baño, para estar lista para la partida, pensé en los jóvenes que vi, así como unos tres adultos, todos se veían muy humildes, no había de que preocuparse pensé, después de que paso todo me dedique a ver la televisión sin verla, así paso todo el día, alguien nos mandó algo para comer, más que comerlo lo devore sin importarme lo que era, además pensé que podría ser la última comida decente que daría por no sé scuántos días más, si bien nos va llegaríamos mañana, pero y ¿Si no? La piel se me enchino al pensar eso, estuve muy nerviosa todo el tiempo que esperé, por fin unos hombres fueron por nosotros, iban en una suburvan azul, uno a uno fuimos subiendo a la suburban y en cuanto estuvimos arriba, nos acomodamos en donde pudimos, una vez arriba de la suburvan me puse nerviosa, tenía ganas de bajarme y salir corriendo pero ya era tarde, esta se arrancó, y en cuanto arranco vi que uno de los pasajeros estaba llorando, ¿Le pasa algo? ¿Puedo ayudarlo?" Pregunte, pero él no me pudo contestar, después de un rato de lágrimas me dijo, lo que pasa es que mi madrecita se quedó muy enferma, vengo aquí para conseguir un poco de dinero para ayudar a mi mamá a pagar los doctores, esta es la única solución que me quedaba, lo siento le dije, si viera como lloraron todos en mi casa, mis hijas y mi esposa no querían que me viniera y yo me siento muy mal por eso, no se preocupe amigo, todos pasamos por algo parecido, dijo otro, yo por ejemplo hace algún tiempo atrás perdi a mi hijo en el desierto cuando veníamos para acá, el murió de sed, y ni siquiera pude darle cristiana sepultura, y ya ve aquí vengo, nos dijo con un nudo en la garganta, realmente mi necesidad es mucha, solo que cambie de pasada para evitar pasar por el lugar donde pase eso tan feo y que Dios tenga con bien a mi pobre chabalo donde quiera que se encuentre, ¡Si verdad, dijo el que lloraba redoblando el llanto¡ De pronto el chófer se enojó y gritó, ¡No me vengan salando el viaje con lagrimitas! ¡Ya hasta parecen jotos! Gritó el inhumano aquel, bueno les dije, hoy parece ser el día de los llorones, porque ya me deprimí, ahora seré la llorona número tres, será mejor cambiar el tema, porque la verdad todos los que venimos aquí tenemos mamá y papá, o alguien a quien hacerles falta, creo que si contestó el que hasta el momento yo había nombrado el muchacho llorón.

Discúlpeme, dijo el muchacho y volvió a soltar el llanto, no podía controlarse, parecía que esa despedida le estaba afectando tanto, la verdad a mí también me dieron ganas de soltarme a llorar, también hice hasta lo imposible para controlarme, paso un largo rato, los nervios me traicionaban, por fin llegamos al lugar indicado, era una orilla cualquiera del río bravo, alguien nos hizo señas desde el monte con una lámpara, y nos ordenaron bajarnos lo más rápidamente posible y en silencio, todos corríamos agazapados, encogidos hasta el lugar que ellos ordenaron y un rato después vimos que ahí venia las lancha para cruzarnos, rápidamente nos volvieron a dar órdenes y empezamos a subir a ella, en realidad el río no se miraba tan hondo, después de dar dos vueltas nos pasaron a todos, yo temblaba de miedo y de frío, y no nos habíamos mojado mucho, cuando estábamos esperando en la orilla del río, pude notar que había algunos hombres extras que no había visto en el hotel, otra cosa que vi y que me preocupó mucho fue que yo era la única mujer en el viaje ese, eso me dio miedo, por un momento quise regresarme nadando, pero en ese momento el guía ordenó que nos agacháramos y que no habláramos porque podía pasar la migra y nos podía agarrar, todo se convirtió en un gran silencio.

Calladitos ordenaba el guía, no tardan en venir por nosotros, creo que estuvimos por ahí como algunos quince minutos y después vimos que venía la suburvan azul, la que nos había votado del otro lado, rápidamente se orilló en el monte y el chófer se acercó y nos dijo rápido suban y tú vete enfrente, me ordenó, sin pensarlo dos veces, me subí a la parte de enfrente de la camioneta. En cuanto estuvimos arriba, el tipo me jalo por un brazo acercándome a él y dio un arrancón, eso me calló muy mal, pero tuve miedo decir algo, su actitud me parecía cínica, estúpido, quién se cree este idiota que es? ¿Cómo te llamas? Me preguntó, mirándome, ¿Quién yo? Si, tú, me llamo flor, le conteste, ¡Ha¡ bonito nombre, bueno, no te digo mi nombre porque no me acuerdo ni como me llamo, y soltó una vulgar carcajada, que estúpido pensé, después de la vulgar carcajada, el volteó a mirarme muy sonriente y yo lo ignore, mirando sin mirar a los demás y mirando por elespejo retrovisor.

Mientras que trataba de ver a los compañeros, me pude dar cuenta de que el chófer intercambio una mirada de complicidad con los amigos, otros estúpidos igual que él, ¿Que les parece? Les preguntó, mientras que me señalaba con un gesto vulgar y de complicidad, "Eso está muy Bueno" le contestó otro con una sonrisa de idiota, estos son unos animales de dos patas me dije con miedo y trate de ignorarlos, así paso un buen rato todo iba saliendo muy bien por el camino no encontramos a ningún vehículo de la Migra, de pronto alguien interrumpió el silencio que se había hecho por las burlas groseras de los traficantes de humanos, y ordenó, en cuanto paremos se bajan lo más rápidamente que puedan, y corren del otro lado del alambrado, ahí estarán el guía y los otros dos compañeros para que les ayuden a guiarlos hacia adelante, y será ahí donde los recogeré de nuevo ¿Oyeron? Gritó fuertemente, está bien dijimos y así lo hicimos, en cuanto paramos bajamos rápidamente y corrimos del otro lado del alambrado, todos hicimos muchos esfuerzos para caminar, ya que no se veía nada, yo no podía ver más allá de mis narices, una densa oscuridad lo cubría todo, después de no sé cuantas caídas logramos llegar al lugar indicado, de pronto sentí que alguien se quería pasar de listo conmigo, y me agarro por atrás abusivamente, como pude me escape de él y corrí a reunirme con el resto del grupo, dos hombres me preguntaron, ¿Qué le pasa? Ese desgraciado se quiso pasar de listo conmigo, es lo malo dijeron ellos, estos son así de abusivos con las mujeres, pero no tengas miedo, camine al par de nosotros no creo que se atrevan a hacerle nada más, dijo el buen hombre para tranquilizarme.

Conforme íbamos caminando me dio olor a marihuana, conocía de sobra ese olor, no porque me gustara, sino que en un pasado no muy lejano había tenido contacto con drogas, cuando trabajaba para el Ejército Mexicano, siempre agarrábamos narcos, parte del trabajo de todo buen solado y se cortaban los plantíos de la marihuana. también y cuando era demasiada la quemábamos, ¿Creo que huele a marihuana?" Dijo alguien, si, les conteste, en eso vienen, fumando marihuana, pues nada más con que estos no nos vallan a meter en ningún problema" dijo uno con miedo, ¡Si verdad! Vimos como el más gordo de los coyotes fumaba la droga y brincaba como un loco al par de los otros, de pronto uno de ellos reparo en mí, ¡Mira¡ Dijo y caminando como un estúpido en círculos alrededor mío gritaba como un indio, mientras tiraba de manotazos para agarrarme, esto es para mí, "déjala bato," le dijo uno de los compañeros, no seas malo, ¿Que acaso es tu vieja? No, pero solo es una mujer sola, mejor bato, mejor, así me la puedo quedar, no tiene dueño, el pelado se estaba refiriendo a mí, como si yo fuera una cosa, una mercancía, o algo más, jamás me respetó, ni me trato como una mujer, "déjala hijo de tu ——beeep," se escuchó decir a otro, no seas gacho, mira, beeep——, al que no le guste que se bote mucho a la Beeeep——, y se acabó, y el que quiera lo invito a probar, lo invito a la fiesta, dijo señalándome y riéndose estúpidamente, Guatemala! Le grito a uno de los enanos desgraciados que venía con él, ¿Qué pasa? Contestó, uno de ellos, cállales el hocico a estos desgraciados, el enano obedeció, trato de amedrentarlos, después solo se escuchó, déjenla hijos de su Beeep——, uno de mis compañeros le brinco al valentón aquel, se armó el pleito, el enano saco una pistola y los amenazó, mientras que yo caminaba de reversa despacito casi paralizada por el miedo, mientras lo hacía pude ver que los coyotes tenían pistolas, y navajas, les voy a quitar lo valiente, dijo uno de ellos, mientras que otro de una patada trató de desarmarlo.

El jaleo empezó, ósea la fiesta como la llamaron los malos, por todos lados se escuchaban patadas, trompones jalones de pelo, así como revolcadas, yo tenía tanto miedo que no atinaba a correr y esconderme, o pensar en algo que pudiera salvarme, sólo camine despacito de reversa sin mirar hacia atrás. De pronto, alguien dijo, ¿A dónde mi reina? ¿A dónde tan de prisa? Hágase para acá dijo uno de ellos jalándome por un brazo, usted y yo nos vamos a divertir mucho bonita, te va a gustar te lo juro, los demás se quedaron callados solo miraban al abusón aquel quien con una pistola en las manos me amenazaba y me manoseaba, bueno grito el que se suponía era el jefe, la fiesta se acabó para ustedes y como les dije hace un momento, el que quiera llegarle a la fiesta ya sabe, ¡Yo quiero! Dijo un Mexicano y sin dejar que el otro terminara la frase, se unió al grupo de bandidos, mientras que el estúpido jefe se reía a carcajadas, te gusta lo bueno bato, te gusta lo bueno, bienvenido, pásele a la fiesta, dijo riéndose a carcajadas.

"Nosotros no queremos problemas, dijeron unos y se fueron, mis amigos dijeron, no chavos, déjenla pobrecita, ¿Qué? Pobrecita, esta de pobrecita no tiene nada, mírala esta de agasajo, y se reía como un estúpido, mírala por última vez, y después dijo, a la fregada, al que no le guste, ¿Y mi feria? Le grito uno, tú dinero se acabó aquí, ¿entendiste? Y gritando, ¡Ey

Guatemala, hazlo que entienda! El enano volvió a parecer en escena y apuntándolos con la pistola les dijo, a la fregada, saben mis amigos y yo tenemos mucha prisa, así que desaparézcanse, esfúmense, lárguense y grito, uno, dos, y antes de tres, ellos con pena me dijeron, discúlpenos, no queremos morir, el maldito enano pego un grito ranchero de puro gusto mientras que mis amigos se marchaban rápidamente...

Me había quedado sola a merced de cuatro mariguanos, uno de ellos dijo, pido mano, todavía no acababa de decir eso cuando le tire una patada por sus blanquillos que lo hizo temblar, "hija de tu —— beep', me gritó y otro, me dió un golpe en la cabeza con una pistola que fui a dar al suelo sin sentido.

No supe cuánto tiempo había pasado, solo recuerdo que cuando reaccione algo me lastimaba, estaba desnuda y alguien respiraba salvajemente sobre mí, mientras que otros ponían sus apestosos penes sobre mi cara, luego se turnaban mi vagina, mi piel, no supe cómo pasó exactamente, esos penes apestosos pasaban por mi boca, cuerpo y vagina, y lo peor era que no podía moverme, por más que lo intente, ellos me sujetaban fuertemente, y yo tenía miedo, mucho miedo. De pronto lo entendí, estaba siendo abusada sexualmente por esas basuras, esas lacras de la sociedad. Era muy doloroso, de pronto pensé, el dolor no existe, me dije, es psicológico, piensa en algo diferente, y transporte mi mente a otros tiempos, me vi vestida en un traje verde olivo, vestida de militar, corriendo muy cansada, me recordé a mí misma, diciéndome, cuando ya no puedas correr, corre con la mente, y así lo hice, transporté mi mente hacia un pasado muy bonito, me vi sudando sabrosamente.

Que Días aquellos llenos de felicidad, corriendo en las filas de mi glorioso Ejército Mexicano, con todos mis compañeros de trabajo y cantando... ¡Cuando estaba *de servicio, en las puertas del cuartel, me di cuenta que tu hermana quería con un militar, pero como todo buen soldado no le podía yo fallar! ¿Ya no pueden mis valientes? Gritaba el comandante y nosotros le contestábamos, "Sí podemos General!" "Ya no pueden," "sí podemos" que días todo era correr y correr gran parte del día, y aunque la lengua la trajéramos de corbata, corríamos de purititio orgullo.*

No supe ni cuánto tiempo había pasado, de pronto el dolor me saco de mis pensamientos y me hizo reaccionar, la espalda me ardía, ellos habían mordido, chupado, succionado y yo tenía esperma hasta por los ojos, todos me habían abusado no sé ni cuantas veces, de pronto reaccione, y sacando fuerzas de no sé dónde, empuje a alguien y me zafe, y dándole a otro una patada en sus asquerosos blanquillos, brinqué mientras que él chillaba del dolor, sin perder un segundo, empujé a otro con todas mis fuerzas, con todo mi coraje, "¡Diablos!" Escuché mientras que otro buscaba algo que no le di tiempo a encontrar, le pegué con un pantalón que tenía un cinturón con una gran

hebilla, y le di un hebillazo por toda la cara que bolo por ahí, ágilmente corrí y en mi carrera tomé algo de ropa que estaba amontonada, la llevé conmigo sin verla, mientras que seguía corriendo rumbo a no sé dónde en medio de la oscuridad, dando tumbos y mil caídas, paso un buen rato en que corría y corría sin atinar a detenerme ni pensar.

De pronto me detuve a mirar la ropa, aunque en vez de mirarla la toqué, suerte un pantalón más grande que yo y dos camisetas estaban ahí, rápidamente me metí en una camiseta y en el pantalón, aunque este era demasiado grande para mí, pero no había otro, trate de calmar los latidos de mi corazón, y me quedé escuchando, a pesar por el ruido que los maleantes hacían, me di más o menos una idea de donde andaban, y corrí por el lado contrario, me dolía todo, las piernas me temblaban, y sacando fuerzas de voluntad, me dije, "el dolor no existe es psicológico", "corre con la mente," de pronto me volví a parar porque escuche las voces de ellos a mis espaldas y sentí terror, pero yo tenía tres ventajas sobre ellos, primera ellos estaban drogados y yo no, segunda conocía de sobra como manejar una situación como esa en los montes, si me habían agarrado fue porque me habían sorprendido, pero ya no estaba dispuesta a dejarme atrapar de nuevo, tercera, el valor que me daba el miedo, ese era mi mejor aliado en esos momentos, soy más lista que ustedes me dije dándome mucho valor con esas palabras, tú puedes me dije, sin dejar de correr, de prisa, de prisa, le ordenaba a mi mente.

De pronto, me vi obligada a detenerme, la parte de abajo del pantalón se me había enganchado en algo y como llevaba las manos ocupadas agarrándolo, fui a dar al suelo con toda mi humanidad, rápidamente me pare y jalando la parte del pantalón que se había roto, le saque una tira y la amarre a la cintura del pantalón achicándolo, así por lo menos tendría las manos libres. M pare y pensé en la situación, hasta ese momento no había podido dominar el miedo, sabía que tenía que ser muy cautelosa, no podía cometer errores que me pudieran costar la vida, eso no era un juego de policías y bandidos, era mi vida la que estaba juzgándose ahí.

Tiene que haber una salida de este infierno, me decía respirando como maratonista, pero tengo que ser muy astuta, y me preguntaba, ¿Para donde le camino? ¿Donde está la salida? Dios por favor ayúdame, implore con todo mi ser, de pronto una vaca bramó y escuche a lo lejos que alguien dijo, ¡ey! Por allá anda las vacas ya la olfatearon, al escuchar aquello temblé de miedo, mis perseguidores me habían descubierto, sin pensarlo corrí más fuerte que nunca y lo peor, sin saber ni a donde iba, a mi paso me encontré con un alambrado y lo brinque, aunque creo que en vez de brincarlo lo volé, corrí por el campo sin aliento, con el corazón en la boca, a punto de reventar, ellos estaban por ahí cerca, muy cerca de mi, por lo menos yo sabía por dónde andaban ellos, ahora mi objetivo era poner tierra de por medio, irme lo más lejos de donde ellos estaban, que de seguro seguían buscándome.

De pronto en mi loca carrera pise algo que se movió, y unido al movimiento escuche el cascabel de una o unas víboras, ellas me siguieron, o creo que me siguieron en mi loca carrera, de lo que si estoy segura es de que corrí como loca, sin respirar haciendo zigzag con mi cuerpo, mi abuelita solía decir que cuando a uno lo correteaban las víboras solo así se podía escapar de ellas, hacienda zigzag . . . si esto era cierto o falso, no sé, sólo recuerdo que nunca en mi vida había sido tan ágil, en unos cuantos segundos chocando con ramas, árboles y todo lo que a mi paso encontraba, puse tierra de por medio, alcance a ver un tronco grueso como un rollo, y sin pensarlo mucho brinqué hacia arriba de él, y una vez arriba me quede quieta, de las culebras no supe nada más, solo sé que me había quedado estática, sin aliento, mi piel temblaba como gelatina y mis oídos se compadecieron de mí, me había quedado sorda por el miedo, mi temor en ese momento era mi corazón, tenía miedo que las víboras lo escucharan, no me podía mover, me quede petrificada, el miedo más patético me acosaba, no supe cuánto tiempo me había quedado sobre el tronco aquel, los sonidos me los devolvió el aullido de algunos coyotes, al parecer estaba muy cerca de mí.

¡Coyotes! Pensé con horror, mis músculos se movieron y brinqué del tronco y empecé nuevamente a buscar otra salida, el siguiente alambrado debería estar muy cerca de mí, lo sabía porque por ahí eso era muy común, mientras que corría en busca de el alambrado, pensé que la fatalidad se había dado cita conmigo ahí, todo lo malo me estaba pasando en ese lugar y lo más feo era que eso estaba sucediendo al mismo tiempo, la verdad, no sabía a cuál de mis miedos atender, si el de cuidarme de los maleantes que iban siguiéndome, o de las víboras que tremendo susto me habían sacado o el de los coyotes que acababa de escuchar, Dios mío, imploraba con todo mi corazón, me sentía fría, y tenía los pies llenos de espinas que me lastimaban, me dolía tanto, pero era más mi miedo, y mientras corría pensaba que en ese momento atender mi dolor era un lujo que no me podía dar, si lo hacía me podía costar la vida, de pronto pegue un grito de terror que me saco de mí, en mi loca carrera había chocado con una vaca, y ella a su vez bramo del miedo, si creo que se espantó con mi grito y corrió hacia la derecha y yo hacia la izquierda, los coyotes pararon de aullar, se espantaron también, y ese momento lo aproveche para correr más fuerte y llegar a el alambrado que yo sabía que existía por ahí, cuando lo vi, me dio mucho gusto encontrarlo mis conclusiones eran muy buenas, era el alambrado de tela de gallinas, bueno, que parecía tela de gallinas porque en realidad este era más grueso y los orificios más grandes bueno, el bendito alambrado estaba ahí, lo brinqué rápidamente encaramándome hasta lo más alto de él y salte para el otro lado, y corrí un buen tramo, y pensé en mis seguidores. ¿Dónde se quedarían? ¿Escucharían mi grito y el de la vaca? Yo creo que sí, aunque no los escucho, ¿Dónde estarán? Me preguntaba y sentía que me ahogaba tan solo en pensar en ellos, si me alcanzan serán capaces de matarme, tan solo de pensarlo se me enchinaba la piel, ya me habían dado un golpe muy fuerte que me había sacado de la jugada, me habían dejado inconsciente, a merced de ellos, ahora sí que no tendrán compasión de mí, tengo que seguir adelante y encontrar una solución a esto.

Por lo pronto tenía que dominar el miedo y, sobre todo, no cometer errores, ya que esto me podría costar muy caro y no estaba dispuesta a pagar ese precio, lo primero será encontrar un refugio y detenerme para pensar, ¿Pero dónde? ¿dónde me escondo? Dios mío.?

El lugar aquel parecía boca de lobo, la oscuridad en esos momentos era mi peor enemigo y mi mejor aliado, me quede observando todo a mi alrededor, a mi derecha estaba un árbol grande, un poco raído de las ramas, pero era precisamente lo que necesitaba para esconderme hasta que amaneciera, creo que ya no falta mucho para que amanezca pensé, la verdad, tenía miedo llegar hacia el árbol, ¿Qué tal si alguno de los maleantes estaba escondido detrás del árbol? Pero tenía que tomar una decisión sabia e inteligente, de pronto sin pensarlo mucho, corrí hacia el árbol, le di algunas vueltas a su alrededor para estar segura de que nadie estuviera por ahí escondido, afortunadamente no había nadie, busqué la manera de subirme y la encontré, pero tenía miedo de que algún animalito nocturno estuviera por ahí, también me aterro la idea de que, ¿Qué tal si el árbol era el refugio de una culebra? Me dieron ganas de bajar corriendo, ¡pero me dije no es tiempo de rajarse!

    Será peor andar por ahí a merced de víboras y coyotes hambrientos, que acabarían con lo poco que quedaba de mi triste humanidad, y lo peor para mi seria chocar con los rufianes que de seguro no habían dejado de buscarme, solo de pensar en esto me dio valor y subí lo más alto que pude y me acomodé entre unas ramas que tenían algo de hojas, una vez arriba le di las gracias a Dios por lo generoso que había sido conmigo, porque aun a pesar de todo me había conservado con vida, lo demás quedaba en sus manos, y ahí sobre aquel árbol, descalza y semi desnuda lloré, lloré de impotencia, de miedo, las horas más terribles de mi vida las estaba viviendo ahí, en aquel país que desconocía, del cual no sabía casi nada, y sobre todo en aquel monte oscuro que me espantaba, en ese momento ya no era la mujer que por miedo se había hecho muy fuerte, no, ahora simplemente era una mujer.

    La oscuridad más fuerte se hizo presente para dar paso a la claridad, eso me indicaba que el nuevo día estaba ahí, ya con la luz del día será más fácil para mí, me dije feliz, casi lograba escaparme de mis seguidores, cuando de pronto, escuché unas voces que me pusieron a temblar, ellos aparentemente estaban muy cerca de mí, por otra parte también le daba gracias a Dios, ya que cuando estuve sobre el árbol pude ubicarme bien, ahora sabía perfectamente donde y que tan lejos estaba de la carretera, y sobre todo conocía ya todos los ruidos del área, de pronto vi que uno de ellos venían corriendo hacia donde me encontraba, no cabía ni duda, eran ellos que me habían encontrado y venía a atraparme, podía escuchar perfectamente el ruido de las voces de los otros, por un momento titubie, pero el miedo que les tenía me hizo reaccionar, ágilmente baje del árbol y corrí para donde sabía estaba un alambrado que dividía la carretera 77, del infierno donde me encontraba, mi camiseta amarilla fosforescente me había delatado, ¡Allá esta, grito uno! Y corrieron como buitre svenian hacia mí, yo me espante mucho y corriendo con todas mis fuerzas y tropezando con todo, alcance a brincar el alambrado y una vez del otro lado corrí fuertemente hacia a la carretera 77, y esta me recibió, vi los carros que corrían recio y me atontaron y sin atinar a pedir ayuda ni nada, corría con la misma dirección que ellos llevaban, no pensaba, solo recuerdo que mi instinto de conservación, era el que me movía, algunos choferes de los carros me pitaban fuertemente, tal vez sin darme cuenta me les atravesaba, de pronto alguien dijo, ¡Aguas! ¡Ahí viene la migra! La migra, palabra mágica, me regresé rápidamente a encontrarlos, estaba segura que me ayudarían, efectivamente los patrulleros del servicio de inmigración estaban ahí, los vi venir rápidamente hacia mí, y se pararon, la verdad nunca me había dado tanto gusto verlos, pero me sentía muy insegura estaba ahí parada enfrente de ellos, cerca de los que yo creía, eran la ley del lugar, pude notar que ellos manejaban una camioneta blanca, y vi dos hombres blancos muy fuertes de tipo militar y uno de marcadas facciones hispanas que bajaron del vehículo y caminaron hacia donde yo los esperaba, mi corazón tembló un extraño presentimiento me achico el alma, uno de ellos se acercó a mi gritándome, ¿De dónde vienes? Mientras que yo no atine a contestar nada, solo me limite a llorar con mucho sentimiento, ellos me preguntaron de nuevo, ¿De dónde vienes? Tratando de controlar los sollozos que me salían del alma, traté de contestarles y atine a decir con un sonido chillón, unos hombres me violaron, *por un momento el oficial se me quedo mirando y después me dijo, "¡Mentirosa, Mentirosa me chilló en mi cara, dándome un jalón tan fuerte por un brazo que fui a caer al suelo, mi sorpresa no tenía límites, no esperaba una reacción así de parte de ellos, me solté llorando nuevamente, mientras que trataba de pararme y lo escuché decir estoy harto de inmigrantes, perros muertos de hambre, y otras cosas más, como, "¿De seguro vienes drogada?", "No, por favor, créame, decía yo sin poder contener las lágrimas, unos hombres me violaron y me golpearon, como pude me les escapé, "mentirosa" volvió a gritar uno de ellos, y me dio un aventó que fui a caer nuevamente al suelo, y me dio con el pie, y me levanto de la ropa, ¿Con quién venías? Me gritaba el agente con exagerado coraje, sola, vengo sola, con los traficantes de humanos que me violaron y las personas que ellos traían, pero yo vengo sola, y sola me escape de ellos porque me estaban violando, y me andan buscando para matarme, ¿Cuantos eran? Cuatro, les contesté llorando, ellos eran tres coyotes y uno de mis compañeros que se les unió, los demás se fueron del miedo, y los traficantes de humanos con el que se les unió, me violaron, les repetí llorando y me llevé las manos a la cara, y en ese momento me di cuenta que tenía las manos llenas de espinas de nopal, y de que tenía espinas por todos lados mi cuerpo, mi cara y mis pies, toda yo parecía un nopal viviente, y la cara me dolía y la cintura, sentía que se me iba a quebrar la espalda, me dolía de las mordidas y chapetones que me habían dado, mis pechos tenían un dolor insoportable, terribles mordidas casi arrancaron mis pechos, toda yo era un sólo dolor, a duras penas me podía tener en pie, mis piernas temblaban, casi no podía detenerme, mi aspecto era patético, y aun así no podía ser digna de credibilidad, uno de ellos me jaló de nuevo, y me enfurecí, de pronto recuperé mi dignidad,* y le grité con mucho coraje al corpulento agente de la migra, "¡No me jales! Tú no puedes golpearme o jalarme, yo soy gente, humana igual que ustedes." El hombre se me quedó mirando, cómo no creyendo lo que acaba de escuchar, en seguida reaccionó y me dio un tirón por un brazo y con un coraje indescriptible me aventó para adentro de la camioneta como si yo fuera un costal de papas, el agente hispano que sólo se había dedicado a mirar, dijo "déjenla, nosotros no podemos hacer eso," los otros dijeron algo que no entendí porque hablaron en inglés, y cerraron la camioneta de un solo golpe...

Me senté en la dura banca de la camioneta, por un momento mi miedo desapareció, mas no mi dolor y coraje, pero pensé que era mejor que andar por ahí, huyendo de bestias salvajes y de los coyotes humanos, aunque a decir verdad estos eran igual de salvajes y animales que los otros, lo único que los diferenciaba de los auténticos, era el uniforme, ya que representaban indignamente la ley de la gloriosa Institución de Inmigración, ellos eran la ley del condado, tenían licencia para andar libremente por esos rumbos y atrapar a los inmigrantes, pero esa no era la manera, de pronto respiré hondamente y me dije, "estoy a salvo" y le di las gracias a Dios, el gran Dios Jehová, De pronto la camioneta arrancó y me saco de mis pensamientos, yo no encontré de donde agarrarme y fui a parar con toda mi humanidad al piso y rodé por todos lados mientras que los agentes de inmigración manejaron por todo el campo en busca de los que supuestamente venían conmigo, lo hacían sin pensar en mí, y a esa velocidad, manejando de un lado para otro y como iban tan recio no encontraba de donde agarrarme me y golpeaba, rodaba por la camioneta de una manera ridícula, golpeándome por las paredes, lastimándome las uñas y la cara y golpeándome la cabeza, los agentes de la migra me veían por el espejo y se reían, la cara me ardía de la vergüenza, las uñas me dolían y no atinaba de donde sujetarme, pero parecía que a ellos eso no les importaba, ¿cómo era posible? No podía dar crédito a eso, si alguien me lo contara, tal vez no le creería. El hombre blanco del cual yo tenía tan buen concepto, ahora estaban ahí, lastimándome por encima de los golpes que ya tenía, lejos de ayudarme con mis heridas, me lastimaban más, sin compasión.

Me dieron ganas de llorar, uno de los agentes abrió la ventanilla de cristal y me preguntó ¿Cuantos eran? Pero no le pude contestar, la camioneta se resbalo y rodé por ahí, dentro de ella, dándome un golpe en la cara ¿Cuántos eran? Me volvió a peguntar el agente, a gritos por la ventanilla y yo sin poder decir nada, sólo me dedique a llorar, haciendo esfuerzos para poder detenerme, agarrarme de algún lado, sin poder conseguirlo.

Al no encontrar lo que buscaban, los agentes se regresaron, después de manejar un largo rato, llegamos a unas oficinas que se encontraban dividiendo la carretera, pararon y ahí me ordenaron bajar de la camioneta y me dijeron que me sentara enfrente de uno que sin compasión y sin mirarme me dio un montón de papeles a firmar, sin preguntar ni leer nada, firme todo lo que tenía que firmar, ni me di cuenta si estaban traducidos al español, y sobre todo lo hice porque tenía miedo a sus arrebatos crueles, después de firmar todo lo que se les antojo darme, fui conducida a un cuartito frío y mal oliente, y una vez dentro lloré todo el tiempo que estuve ahí, mis manos y mis ojos estaban muy hinchados, la piel me ardía, todo me dolía, no supe cuánto tiempo paso, solo recuerdo que escuche que unos agentes de inmigración me llamaron, "vamos sal de ahí" me ordenaba mientras que me habrían la reja del cuartucho mal oliente aquel y me sacaron de ahí, salí caminando entumida del frío y adolorida y pude ver la cara de sorpresa que pusieron cuando me vieron a la luz del día y llamaron a alguien más y cuando este me vio puso cara de incredulidad, pero no me dijeron nada, algo hablaban entre ellos, yo no alcanzaba a escucharlos, no les entendí, luego llegó una patrulla y me ordenaron subir y de ahí me mandaron para mi país, México, por el camino lloré mucho, no podía creer esto, cuando paramos en la frontera con México me bajaron, yo creía que me iba a desmayar, recuerdo que una vez abajo, le grite algo muy feo al agente flaco y feo que manejaba la camioneta y entre todas las cosas le grite que era un inhumano ya que unos hombres me habían violado y que ellos en vez de ayudarme se habían dedicado a maltratarme, al parecer creo que el ignoraba esto porque en cuanto oyó lo que le grite, me ordenó que regresara, que si eso era verdad me iba a llevar a un lugar para que me ayudaran, pero era demasiado tarde, ya no me interesaba nada de ellos, penosamente encamine mis pasos hacia mi patria y como pude hice un esfuerzo sobre humano para llegar del otro lado, me costaba tanto dar un paso, y una vez que lo logre camine un poco y me desmaye...

No supe más de mí, solo recuerdo que cuando reaccione estaba en un hospital mexicano, después supe que un muchacho que acaba de ser deportado, le había hablado a la policía mexicana, y estos a su vez llamaron una ambulancia, llevándome al hospital más cercano en Matamoros, Tamaulipas, ignoro como fue que me transportaron y cuando, sólo me recuerdo a mí misma reaccionando muy adolorida, y vi junto a mí una enfermera de cara muy limpia y bonita, que con toda la paciencia del mundo me sacaba las espinas de las manos, cuando reaccione no entendía lo *que pasaba, mi primer impulso fue querer pararme de ahí y correr, pero la enfermera me detuvo, "cálmate" me dijo, mira ya casi acabe de sacarte las espinas, luego te sacaré las de las rodillas y las demás que traes por todos lados, si ya hasta pareces nopal, ¿Cómo te sientes? Me preguntó y me cerró un ojo, ¿Dónde estoy? En buenas manos, estás en el hospital, ¿En el hospital? Si me dijo, "estas en buenas manos," de pronto vinieron a mi mente todos los recuerdos, con mucha angustia, volvía a intentar pararme, pero ella me lo impidió, Shhh, calma, todo va estar muy bien, te lo aseguro, estas en México."*

Esas palabras me hicieron sentir protegida, ¿Qué fue lo que te pasó? Me preguntó y yo comencé a llorar con todo el sentimiento que traía guardado, las lágrimas me salían del alma, me pasaron muchas cosas, todo lo malo, pero que fue exactamente, porque al parecer por tu apariencia, te abusaron sexualmente, estas muy golpeada y traes esperma por todos lados, ¿Te violaron? Si, entre todo lo que me pasó cuatro hombres me violaron, y empecé a llorar convulsivamente, también los de la migra me golpearon cuando les pedí ayuda, ellos me maltrataron muy feo, no me quisieron creer que había sido abusada sexualmente por cuatro hombres, ¿Pero cómo no? ¿Por qué no te creyeron? Porque no quisieron, le conteste, eso debe de ser, porque no hay más que mirar tu aspecto para saber que te pasó eso.

El doctor hizo acto de presencia, ¿Ya reacciono? Le preguntó a la enfermera, si, pero está muy mal doctor, la violaron y los de la migra la golpearon, desgraciados asesinos, murmuro el doctor, mientras que me chequeaba y me tomaba el pulso, ya pasó, ahora estás en tu patria, aquí nadie te va hacer daño, mira estas muy lastimada ¿Te duele aquí?", Si le conteste llorando ellos me mordieron muy feo, ¿Quiénes son ellos? Los traficantes de humanos que me violaron, el doctor no podía entender cómo me había pasado eso y que aún estaba viva, y sobre todo como los agentes de inmigración se habían portado tan crueles conmigo, no puedo creer esto dijo el doctor, nada más porque lo estoy viendo lo creo.

Yo seguí ahí llorando, y pensé que la imagen que yo tenía tan buena del hombre blanco había quedado por el suelo, esos agentes de inmigración eran unos animales, el doctor trataba de calmarme, pero era casi imposible, yo no podía dejar de llorar estaba histérica, de pronto lloraba a gritos, de pronto despacito, y el doctor estaba muy preocupado por mí, te voy a mandar un tranquilizante lo necesitas, esto te hará relajarte y dormir un buen rato, lo necesitas, y no tengas miedo, alguien se quedará aquí contigo, gracias murmure mientras seguía llorando, después de un vergonzoso examen ginecológico, me aplicaron el tranquilizante que el doctor mandara y me dormí por no sé cuánto tiempo, cuando reaccione alguien estaba a mi lado, ¿Te sientes mejor? Me pregunto la buena mujer mientras que tallaba mi cara con un lienzo húmedo, si gracias le conteste "por lo menos estoy viva gracias a Dios," ¿Tienes familia? Si, pero no está aquí, si gustas puedes hablar con ellos, no, no quiero que se den cuenta de lo que me pasó, no les avisen por favor, está bien dijo la chica como tu gustes.

De pronto tocaron a la puerta ¿Se puede? Se escuchó y una enfermera asomo su cabeza y me comunicó que la policía estaba ahí, que querían hablar conmigo, también está un reportero muy interesado en tu caso, gracias les dije me quise negar a recibirlos, pero era tanto mi coraje que creí necesario que se enteraran de lo que había pasado en mi estadía en el hermoso país que brilla como el sol, quería que los de la migra se dieran cuenta de que algunos corruptos funcionarios que patrullaban el área esa fatal mañana les habían ensuciado sus nombres.

Me las pagaran me dije con coraje, seguro que sí, en realidad no sabía que era realmente lo que más me dolía, si el hecho de haber sido atacada sexualmente por los traficantes de humanos, o que tal vez que busqué apoyo en los que yo creía que representaban la ley del condado aquel día, y en vez de ayuda recibí una paliza, insultos y malos tratos.

Está bien, les dije, que pase primero la policía, y la enfermera ordenó que los dejaran pasar, un señor alto y elegante se presentó ante mi y me saludo cortésmente, y después de saludarme me pregunto ¿Como se siente?, "Mejor gracias," le dije con los ojos llenos de lágrimas, las que me quité de los ojos de un manotazo, no quería la lástima de nadie, y poniendo una careta de frialdad le pregunté, ¿En qué puedo servible? Necesito hacerle algunas preguntas basadas en su accidente, siéntese por favor le dije, calle por un momento tratando de ordenar mis ideas, y el hombre espero pacientemente respetando mi dolor hasta que me decidí a contestar, sacando fuerzas de no sé dónde le contesté, está bien, usted dirá," El policía me pregunto de una y otra forma todo lo que necesitaba saber, y yo entre lágrimas y coraje le respondí todo lo que el necesitaba saber, una vez que terminó, se fue no sin antes dejarme su nombre y dirección, así como su número de teléfono, por si sabía algo más que pudiera ayudarle a dar con los bandidos que me habían violado. En cuanto él salió, aparecieron dos jóvenes reporteros quienes me dieron el pésame por lo que había vivido y me dijeron que, si por favor les redactaba como había salido del lugar, en donde me habían violado y todos los pormenores del abuso físico del cual la migra me había hecho víctima, la chica de la cámara pidió permiso para tomarme unas fotos, y se lo di, el joven hizo muchas preguntas y apuntaba rápidamente todo lo que le contestaba y yo les dije todo, hasta lo que no me preguntaron, después de mucho rato se retiraron, me quede sola de nuevo, sola con mis miedos y recuerdos.

Al otro día apareció mi imagen en algunos periódicos de Matamoros, Tamaulipas, al mirar mi imagen tan golpeada en los periódicos sentí una gran pena, mi cara lucía hinchada y algunos moretones muy feos adornaban mis pequeños ojos, me llamo la atención el encabezado de un periódico que decía así: ¡Mujer ex militar, violada por pateros y golpeada por agentes de inmigración de los Estado Unidos!

Todo era tan inverosímil, mi mente no daba crédito a todo lo que me había pasado, ¿Cómo era posible Dios mío? me preguntaba, sin obtener respuesta.

Ahí estuve encamada setenta y dos horas, en esas setenta y dos horas fueron para mí como una bomba de tiempo en mi cerebro, me sentía furiosa, muy furiosa, conforme pasaba el tiempo mi coraje aumentaba, algunas personas buenas fueron a visitarme y hablaban conmigo de lo que me había pasado, entendemos que a los traficantes de humanos no puedan agarrarlos, pero los agentes de inmigración no estaban supuestos a hacer eso contigo, no te quedes callada denúncialos, dijo alguien que me apoyaba en mi dolor, ¿Pero cómo le hago? Pregunte indecisa, fácil me dijo la viejita que me veía con tristeza, regresa a los Estados Unidos y habla con el jefe de ellos tienes que denunciarlos, si eso hicieron contigo lo van a seguir haciendo," ¿Fácil no? Me dije, pero me pareció una gran idea, si había que ayudar a alguien que pudiera pasar por lo mismo en manos de esos bandidos de la migra. De pronto tome una determinación iré a delatarlos, para vengarme de ellos, me las van a pagar, los acusare con sus jefes, que sepan la clase de bandidos que son, como se portan en su trabajo con los indocumentados. Las buenas *personas que me apoyaron se pusieron a colectar dinero para ayudarme para que fuera a poner la queja, mis heridas ya estaban un poco mejor, ese día salí del hospital en cuanto tuve los medios económicos que las buenas personas me dieron me aventé de nuevo por el río para poder llegar a Brownsville Texas, y así ir a la garita de Inmigración, a las oficinas que estaban en "La Maldita Quineña del Demonio"*

Creía ingenuamente que estaba preparada para enfrentarme a la más dura de las peleas, sabía de sobra que estaba ante unos rivales muy poderosos, también sabía que esto era como ponerme con Sansón a las patadas.

Pero el hecho de saber que no todos ellos eran iguales me dio valor, ingenuamente pensaba. hablaré con el jefe de los agentes de inmigración, estoy segura de que el ignora todo, el mal trato que nos dan algunos de sus malos funcionarios, y si no me escucha soy capaz de ir con el mismo Presidente, pero no me quedaré callada estaba decidida, eso era parte de mis planes inmediatos, de verdad no puedo explicar lo que sentía, creía que llegar al lugar ese, sería peor que el primer día, tenía miedo, lo podía oler en mi adrenalina, lo primero que haría ese día seria irme nadando y así lo hice, llegue a la orilla del río y me quite parte de la ropa que llevaba, me quede en un pantalón corto y una camiseta, la demás ropa la puse en una bolsa de plástico y me metí al río, nadé hasta el pequeño islote que ya conocía y de nuevo nadé hasta llegar a la otra orilla, cuando la alcance salí y me puse la ropa seca que llevaba y corrí hasta el barranco y extrañamente noté que no había nadie, quizás era coincidencia o era mi destino el que ya estaba marcado, no sé.

Cuando por fin logré infiltrarme dentro de los Estados Unidos, me sentí mejor, traía el dinero que aquellas personas piadosas me habían dado, esas buenas señoras de mi país que me habían cuidado como si fuera su hija, en realidad en esta ocasión me sentía más segura, aunque mi coraje no tenía limite, lo había logrado de nuevo, me había infiltrado en ese hermoso país, ahora, mi objetivo era otro muy diferente al que me llevo a ese país la primera vez.

Por lo pronto, mi objetivo era vengarme de los corruptos agentes de Inmigración que me habían golpeado y que habían ignorado mi dolor, aun a pesar de lo golpeada que lucía, los voy a acusar, me dije decidida, no por mí, a mí ya me paso, por las que vienen y que trataran igual que a mi.

Caminé por la ciudad ya conocida para mi hasta la central de autobuses, les pedí un boleto para la Quineña, (O Armstrong) nerviosa, esperé por ahí el momento de abordar el autobús, por fin llamaron para subir, y lo hice rápidamente con miedo de que la migra apareciera y que me regresaran, en realidad fuimos muy pocos los pasajeros que abordamos el autobús, el camión arrancó con rumbo a mi nuevo destino y conforme este caminaba, mis nervios iban en aumento, caminábamos hacia la segunda garita, "La maldita Quineña del Demonio," como ahora le llamo a ese lugar, sabía perfectamente que si lograba llegar ahí, sería como meterme en la cueva de los lobos, pero la verdad, ya no me importaba mucho lo que me pasara, estaba como indolente y con mucha rabia, si, tenía demasiado coraje, (Ya si no,) pasó más de una hora, la cual me pareció un siglo, por fin llegamos a la garita de inmigración, un agente de inmigración hizo el chequeo de rutina y me confundió con una mujer del lugar aquel, y me preguntó ¿Que si era Ciudadana Americana? ¡No! Le conteste, y elagente me miro incrédulo y camino de reversa hacia mi, cuando por fin me estuvo frente a frente conmigo, me dijo, ¿Cómo dijo? "Que no soy ciudadana americana y que quiero *hablar con su jefe, ¿Para que lo necesitas? Me preguntó extrañado, vengo exclusivamente a poner la queja de unos agentes de inmigración que me golpearon, cuando les pedí ayuda, porque unos hombres me habían violado ahí en ese monte y le apunté el lugar, el inmigrante puso cara de incredulidad, ¿Qué, qué? ¿Me estás diciendo que te pasaste de ilegal, que cruzaste el río para esto? Si señor, solo para venir a poner la queja, porque lo considero el abuso más grande de la historia, alguien, unos abusivos me habían violado, y los agentes de inmigración, no tan sólo no me creyeron cuando me encontraron, sino que me golpearon me insultaron y me aventaron para adentro de una camioneta como costal de papas, para después ir a buscar a los que supuestamente venían conmigo drogados, y después sin pararse a escucharme, se burlaron de mi dolor y de mi persona, aun a pesar de mi aspecto deplorable no me creyeron, o no quisieron creerme. ¡Ho No! Se escuchó al agente decir, bájese y pásele para adentro, me dijo el oficial señalándome la entrada de la garita, ahorita la atendemos, gracias le dije y por segunda vez en ese mes, encaminé mis pasos hacia las oficinas ubicadas en medio de la carretera, (de la Maldita Quineña del Demonio, pero la diferencia en esta ocasión era, que yo había llegado por mi propio pie.*

Los agentes me hicieron entrar en una oficina y me pidieron que me sentara y que esperara, que el jefe vendría a hablar conmigo, un rato después el agente hizo algunas llamadas y me dijo que ya no tardaría, que tuviera paciencia, alguien vendrá a hablar con usted, y mientras vienen, deme sus datos y su historia, "Si señor," galantemente me invitó a pasar a una oficina por ahí, mientras lo seguía note el orden que había en esas oficinas, una vez adentro nos acomodamos, después de acomodarse el pelo y toser nerviosamente el oficial me preguntó una y mil veces mi queja de uno y otro modo y en cuanto terminó me llevó a una pequeña oficinita, con temor encamine mis pasos hacia adentro, y me pidió que me sentara ahí, y así lo hice, me senté y esperé, pasó un buen rato y el oficial volvía y me seguía preguntando de una manera y de otra lo mismo y cuando empezaba a cansarme de tanta pregunta, por fin me dijo que habíamos terminado, me dio gusto escuchar eso, además de que también tenía hambre, espera allá en esas bancas, te llamaremos si te necesitamos me dijo, señalándome una sala de estar.

Tomé un respiro y me senté, alguien no supe quién me regaló una Coca-Cola, mientras saboreaba el líquido escuché que el agente me llamó, fui hacia adentro de la oficina nuevamente, y vi que ahí me esperaba una hermosa joven luciendo un traje de inmigración, "hola" me saludo amablemente y me invito a sentar, discúlpame que te voy a hacer más preguntas, me dijo viéndome fijamente y agregó, "me imagino que ya estarás fastidiada de tanta preguntadera," hice una mueca de no me importa y la escuché, esta es la rutina a seguir y tengo que hacerlo, no se preocupe, para eso estoy aquí, dígame le dije, y ella empezó de nuevo con las mismas preguntas, mientras que un hombre escribía todo lo que yo hablaba en una maquinita, conforme le iba relatando los hechos, el hombre ponía cara de incredulidad, y en algunas ocasiones me dio la impresión de que le dolía lo que le relataba de la experiencia que viví en "La Maldita Quineña del Demonio"

Algunos de ellos a lo mejor pensaron que yo mentía ya que me preguntaban una y otra vez lo mismo, además de que como iban a suponer que unos oficiales tan civilizados me habían torturado en vez de ayudarme, de pronto recordé algo y les dije, si no me creen les puedo probar lo que les digo, ¿Como? ¿Cómo lo puedes probar, me preguntó la joven mirándome atentamente, "así," les dije, y sacando un periódico de mi bolsa se los mostré, la oficial tomo el periódico y lo leyó incrédula, ahí había una gran nota de lo ocurrido ese día, los demás corrieron a leerlo, ahí aparecía mi foto con la cara muy golpeada, después de un largo rato en el que todos comentaron algo, el jefe tomo el periódico y lo pego en la pared, pasaron algunas horas en las que nadie volvió a comentar nada, y en el que les firme un sin fin de papeles que yo ni entendía.

Cuando por fin apareció el diablo, el capitán Molinar, quien era el gran jefe de ellos me dijo, mira, te voy a llevar al Corralón de los Fresnos Texas, para que te vea un médico y te ayuden y vamos a investigar a los agentes de inmigración que patrullaban el área esa mañana, y que nos expliquen su vergonzoso proceder, los pondré cara a cara contigo para que los identifiques, y de salir culpables serán castigados, de los traficantes de humanos que te violaron en el monte nosotros no sabemos nada, ya que ellos son delincuentes, lo siento, ¿Delincuentes? Esa palabra me callo como bomba, y sin detenerme le contesté, ¿A cuales delincuentes te refieres, a los que me atacaron en el monte o a los que trabajan contigo? El no esperaba esa respuesta y no supo que contestar, en realidad no se sabía ni quien era el delincuente, si los coyotes que eran unos ignorantes, oh estos que supuestamente estaban ahí representando la ley del condado, ¿o, en realidad era que tenían permiso para lastimarnos?...

Al decir eso mi coraje no tuvo límites, el capitán me vio con ojos de pistola y me dijo esto se va arreglar de acuerdo, está bien le dije, acepto. Jamás, ni de broma pensé que en ese momento acababa de firmar la segunda parte de mi nueva historia de terror.

Pasaron largas horas en las que el hambre y el cansancio me atormentaron, por fin me presentaron a unos hombres que me conducirían al famoso Corralón de los Fresnos Texas, y como ya me lo habían explicado, me quedaría ahí solamente mientras investigaban a los agentes de inmigración, me imagine que sería un par de días, lo que no supe fue por qué en ese momento no me dio miedo, sería acaso porque llevaba la idea de que en cuanto aparecieran los malos me dejarían ir, o me ayudarían según ellos, aunque esa parte de lo de la ayuda no me quedo muy clara, ¿Que clase de ayuda según ellos yo necesitaba? Y pensé, ya ellos me lo aclararan después...

Ahora lo importante era encontrar a los agentes que me golpearon ese día, una vez dentro de la van que nos llevaría al Corralón de los Fresnos Texas, vi que al volante iba un hombre flaco con cara de sargento mal pagado, también noté que conmigo compartían la van algunos compañeros de desgracia, quienes estaban siendo deportados, inmigrantes indocumentados que no tuvieron la suerte de cruzar la "Maldita Quineña Del Demonio."

Uno de ellos le pregunto al chófer algo que no alcance a escuchar, el flaco les contestó en voz alta, a ustedes los voy a llevar a la frontera con México para que se regresen a sus casas y a ella, dijo dirigiéndose a mí, a ella la voy a llevar a la cárcel por chismosa, y me vio con una mirada fulminante, un escalofrío recorrió todo mi cuerpo, me dio mucho miedo, todos me voltearon a ver sin decirme nada, yo tampoco dije nada...

El chófer siguió manejando y de vez en cuando me miraba por el espejo retrovisor con ojos de pistola, el miedo casi me paralizaba, mi corazón brinco de nuevo, y pensé que ¿En qué nuevo lío estaré metida? El chófer flaco me volvió a mirar y me dijo desde su lugar, "ya vas a ver como se te van a quitar las ganas de andar de chismosa, ya lo verás," amenazo.

Yo lo ignore totalmente y trate de distraerme mirando por la ventanilla, pero el insistía, y me preguntó ¿Tienes miedo verdad? Haces muy bien en tenerlo, porque ni creas que te llevo de vacaciones, de pronto me enoje y le grite ¿Que te pasa? No me vengas molestando o también a ti te acuso, ¿A si, Te crees muy salsa? Ya verás cómo ahi a dónde vas te lo van a quitar.

Estúpido este, pensé ignorándolo y me voltie para la ventanilla, de seguro que en vez de sesos tiene caca en la cabeza.

El chófer se calló por un buen rato, pero por más que yo traté de distraerme por el camino, no lo lograba, después de un rato el chófer insistía mirándome con burla y desprecio. Así manejo por un buen rato, en el que yo no queria ni verlo, por el miedo que traía, cuando por fin llegamos a la frontera con México pasaron a dejar a todos los demás, esto fue en Bronsville, Texas...

Uno a uno de los muchachos fueron bajando en orden y con profundo silencio, nadie decía nada, uno que otro me volteo a mirar, y se fueron caminado rumbo a mi patria México, mi México lindo y querido estaba ahi a dos pasos de mi, pero ya no podía ni quería echarme atrás, así que, en cuanto salió el último de ellos, el chófer me miro y me volvió a decir, bueno vámonos para la cárcel donde te dejare a ti, ¡Oye! Le grite desde mi asiento, ¿siempre eres asi de sangrón ¿Quién, yo sangrón? Si, tú, nadie me habia faltado el respeto así, me dijo enojado, serian tarados los que traias contigo, porque yo estoy cuerda, y soy gente le grite, y si sigues molestándome, llegando allá te acuso, (Si es que llego, pensé) él se me quedo mirando muy enojados y se dedicó a manejar. Por fin, después de no sé cuánto tiempo llegamos a un lugar que efectivamente parecia una prisión, todo ese lugar estaba circulado con doble tela de alambre y arriba tenía rollos de púas, y enfrente una gran puerta doble cerrada, la cual se abrió automáticamente cuando el chófer dio una clave, y después un guardia habría la segunda puerta que estaba cerrada con llave, de ahí nos dirigimos hacia la parte de enfrente de las oficinas principales.

Esto es una cárcel, me dije con miedo, de seguro que me trajeron aquí con engaños, ¡Dios mío! Y agarrándome la cabeza pensé ¿Que hice, que es esto? Anda, baja me ordenó nuevamente el chófer mal encachado, sus palabras eran cortantes y groseras, y yo opte por bajar despacio, la verdad me baje a duras penas por lo adolorida que iba, él me ordenó seguirlo y atravesamos por un amplio patio, lo que me llamo mucho la atención era que a la derecha tenían unas barracas de color ladrillo, y el patio era amplio y sobre todo lo que más me impresiono en ese momento era que las barracas estaban divididas con alambrado doble de tela de pollos y arriba con tela de púas, eso parecía una cárcel, ¡Estaba segura que estaba en una cárcel! Seguimos caminando y atravesamos varios pasillos antes de llegar a las oficinas principales, cuando por fin lo logramos, el inmigrante preguntó algo en inglés y ellos le indicaron una elegante sala de espera, y me llevo ahí y me ordenó sentarme y esperar, me puse cómoda en esas butacas y me dediqué a mirar todo el movimiento del lugar, en realidad ahí había mucho movimiento, había gente de diferentes nacionalidades, algo más que note era que casi todos los inmigrantes usaban trajes color naranja, y uno que otro traian uniforme rojo, que feo pensé, parecen reos. De pronto escuche, que unas mujeres hablaban ofi, ofi, decían, al escucharlas las busqué con la mirara y al mirar por la ventana, vi que venían varias mujeres escoltadas por un agente de inmigración, y entraron al edificio, después fueron conducidas hacia donde yo me encontraba, en cuanto me miraron me saludaron, "hola ¿Acabas de llegar?" "Si" les conteste sintiéndome mejor por verlas ah, suspire y pensé que por lo menos no estaba sola, había más mujeres en ese lugar.

Mi miedo desapareció al verlas, ellas estaban vestidas con un uniforme anaranjado, no se veían tan mal, note que la piel de ellas no estaba manchada, al parecer ya tenían ahí un buen rato, lucían muy sanas y sonrientes, todo ahí lucia muy bien, pude notar también que cuando algún hombre se aparecía por donde las chicas estaban, ellas los bombardeaban a piropos, se ponían en posición de conquista, y le tiraban de besos con las manos y les decían piropos, eso me pareció ridículo, pero yo no estaba ahí para criticar a nadie, me voltee para otro lado, pero esas chicas aparte de coquetas parecían reporteras, me abrumaban con sus preguntas, les conteste algunas, y después calle por un largo rato, de pronto les dije preocupada, ¿Que va a pasar muchachas? "Bueno" dijo la que se veía más lista, primero te van a registrar ahí, y me señalo con el dedo una oficina y después siguió, y si tienes suerte te tocara un guapo, me dijo con una cara de pícara, y si no pobre de ti, cuando termines de llenar todos los requisitos, te darán un elegante traje anaranjado así como éste, y lo modelo con mucha gracia dando de vueltas, y de ahí te llevarán al dormitorio de las mujeres, ¡Hay, Que lástima, que no se a el dormitorio de los guapos! ¿Verdad tu? Dijo con malicia, y puso una carita muy mona, todas festejaron con empujoncitos y carcajadas la ocurrencia y en coro todas dijeron, ¡Haaa ¡Mansa!

Ignorando la bulla de las muchachas vi todo de una punta a otra, y pregunté con miedo, ¿Y cómo las tratan? La verdad es que no nos tratan mal, pero tampoco como deberían de tratarnos, estos ante el mundo son una cosa, y con nosotros son otra cosa, ¿Verdad voz? Le preguntó a la que tenía al lado, sí voz, la mera verdad así es, no es lo que tú ves aquí.

Las escuché dándome instrucciones y hablando, me sentía como si yo estuviera dentro de una burbuja de jabón, no lograba ponerme en paz, los nervios me traicionaban El tiempo pasó, por fin, de pronto me llamaron, y nuevamente tomaron toda mi información, lo único bueno era que por lo menos ahí todos los oficiales eran muy buenos y respetuosos, cuando por fin terminamos, me condujeron rumbo al famoso dormitorio . . . Un guardia me llevó, y mientras caminaba pude observar que eso parecía una fortaleza, una cárcel, tenía mucha tela de púas como en las cárceles, también había muchas cámaras de seguridad, y lo que más me gustó fue que tenían una cancha de basquetbol, y en la otra esquina tenían una mesa y muchas bancas como un pequeño kiosco.

El patio era grande, realmente todo lucía muy limpio y en orden, cuando entramos al dormitorio, todas las mujeres corrieron a verme, ellas se reían y jalaban, y hacían bromas entre ellas, todas eran personas que estaban ahí para recibir órdenes de inmigración, o ser deportadas, algunas esperaban reunirse con sus familias en este país.

Lo que más me gustó es que había mujeres de todas partes como de Nicaragua, El Salvador, Honduras, Colombia y Perú, México, y de África, de muchas partes del mundo . . . Todas ellas recibían un aparente buen trato, tres comidas diarias, jabón, pasta dientes, papel para el baño, así como algo de ropa interior y zapatos, además de recibir ropa de cama limpia dos veces por semana. Traté de verlo por el lado positivo, ese era el lugar perfecto para tomarse unas vacaciones, de verdad que sí, ¡Jum¡ El problema era que yo no estaba ahí para vacacionar. Después que me acomodé en una litera, en la que me toco la parte de arriba, fui con la oficial para ver que más debia hacer, relájate y espera a que ellos te busquen, eso es todo lo que necesitas hacer, ¿Cuánto tiempo estaré aquí? Le pregunte a la oficial, ella me contesto sonriéndome, lo tuyo toma unos dias, pero se arreglará, no te preocupes, me dijo la oficial que se veía una bellisima persona está bien le contesté y me fui por ahí.

Empecé a conocer a las chicas y ahora era yo la que las bombardeaba con preguntas y más preguntas, estuve en ese lugar por lo menos algunos cinco meses, como perdí la noción del tiempo no puedo asegurarlo, pero lo que si puedo asegurar es que el tiempo que estuve ahí fue como conocer la otra cara de la muerte.

Trataba desesperadamente de olvidarme de lo que me pasaba, pero no podía era demasiado fuerte para ignorarlo, ahí me acomedi a ayudar a limpiar la enfermeria o a lavar los pisos del dormitorio, mi pasatiempo preferido era limpiar el patio, eso me daba la oportunidad de respirar aire puro, además de mirarlo todo a mis anchas, aunque a decir verdad no había tanto que ver, ya que nos encontrábamos aislados de la civilización, pero si lograba ver algo importante, me lo grababa en mente cuerpo y alma.

Lo más triste era que yo estaba ahí, para investigación de los agentes de inmigración que me habían golpeado al día aquel que les pedí ayuda, porque de los traficantes de humanos que me trajeron a este pais, y que me habian violado. No sabía nada. El tiempo pasaba lento, insensible a mi dolor, y de los agentes de la migra nadie investigaba nada, nunca pensé en eso antes de llegar ahí, todos ellos eran lo mismo, a esa institución no le convenía hacerlo, porque de aceptarlo obviamente les costaría muy caro, además de que su reputación quedaría por los suelos, yo comprendo que en todas partes del mundo, incluyendo mi propio país, en todas las instituciones había gente nociva que se tomaba atrevimientos como éste, que no estaban en su deber, yo no estaba acusando a la gloriosa Institución de Inmigración que solo cumplía con el deber de defender a su país de terroristas, y narcotraficantes y demás, no, esto pudo haber pasado en cualquier parte del mundo, como dije incluyendo mi país, porque corruptos funcionarios los hay donde quiera, pero no eran todos. Yo ya estaba ahí y era realidad lo que me había pasado, era terrible como de no creerse, pero yo contaba con las pruebas de los reporteros, en las portadas de los periódicos lucía mi cara muy golpeada.

Además, que de seguro ellos tendrían mi última orden de deportación archivada, ellos hacían eso, archivaban las pasadas, y si los deportados reincidían los procesaban, ¿Pero qué estaba pasando? ¿Porque esto estaba tomando tanto tiempo? ¿No sería que a propósito estaban reteniendo mi caso? En realidad, eso si me dio mucho miedo, esto implicaría quedarme aquí encerrada por mucho tiempo, hasta que el público que me había apoyado en mi país, se olvidara del caso, de la jovencita que había llegado a este país con tantos problemas e ilusiones y que había sido violada por los traficantes de humanos que la trajeron, y cuando logró escapar de ellos, pidió ayuda a unos corruptos funcionarios de Inmigración, no tan solo no la ayudaron, sino que, la atacaron, golpeándola, insultándola y tirándola por ahí en su país, para lavarse las manos de su infame acción.

Moví fuertemente la cabeza para quitarme de la mente los malos recuerdos, aunque sentía que me ahogaba, me puse lista y traté de hacer todo lo que me sacara de eso, de ese recuerdo que me aniquilaba me asesinaba, quería vivir, tratar de olvidar lo que me había pasado porque día a día, noche a noche tenía en mi mente lo vivido ahí, "En La Maldita Quineña del Demonio" Mientras que, según inmigración, los corruptos funcionarios que me habían golpeado no aparecían, o no les convenía que aparecieran, unas lágrimas escaparon de mis ojos, y me las sequé con coraje, tenía que pensar en algo que me sacara de eso, y recordé el viejo refrán que reza así: "A la tierra que fueres, haz lo que vieres" vi como las chicas para matar el tiempo coqueteaban con quien se les atravesara, y decidí hacer lo mismo, aunque no estuviera de acuerdo con esa actitud, pero era mejor que estar ahí pensando en cosas tristes, distraer mi atención en algo era lo importante y me hice la más coqueta de todas, empecé a enviarle cartas a quien me lo pedía, todos los días escribía una carta y les mandaba a decir lo mismo a todos, sólo les cambiaba el nombre, ellos a su vez me contestaban y yo me divertía a sus costillas, me subía a una silla y leía las cartas delante de todas por orden alfabético, y daba pelos y señales de las famosas cartitas de amor, eso era una fiesta, las chicas se reían a carcajadas de fulanito o zutanito, todas gozábamos con esas cartas tan dulces, tan llenas de amor fingido, porque nosotras ni los conocíamos ni ellos a nosotras, solo los veíamos por el alambrado algunas veces cuando íbamos para el comedor, o los días que salíamos al patio.

    A mí, en lo personal me gustaba jugar basquetbol, lo hacía siempre que salíamos al patio, o correr, corría casi todo el tiempo que estábamos afuera, pero eso no era suficiente distracción, y conforme pasaba el tiempo me fui deprimiendo, a grado de no querer hablar con nadie, por último me peleaba con mis compañeras por nada, un día me dijeron que me llevarían a la corte, eso me sorprendió muchísimo, ¿Para qué me llevarán? ¿Si yo no he hecho nada malo? Con miedo le pregunte a una oficial, la guardia se rio, y me dijo, "Mira De

La Garza" Eso hacen con la mayoría de los que llegan aquí, los llevan a una corte y dependiendo de lo que el juez diga, los deportan, o los mandan para adelante, como ustedes dicen, entonces ¿Está bien que me llamen? Le pregunté espantada, si, estarás mejor cuando te juzguen, ¿Pero juzgarme de que, o por qué? "No se," dijo "solo sé que te presentaras a la corte ese día."

Mis nervios se dispararon, los días de espera para ir a la corte se me hicieron eternos, cuando por fin el día de la corte llegó me sentía muy cansada, un día antes no pude dormir, me la pase toda la noche despierta, nada mas de pensar en lo que ahí harían o dirían, me quitaba el sueño, recuerdo que ese día por la mañana me levante muy temprano y me prepare para la ocasión, los oficiales vinieron como era costumbre por las que nos presentaríamos en la corte, y nos condujeron hacia el salón que tenían preparado para el propósito, una vez ahí me instale en una dura banca de madera, muy elegante y ahí todas esperamos, estábamos echas un nudo de nervios, paso mucho tiempo hasta que por fin me llamaron, mil ideas pasaron por mi mente sentía ganas de llorar de salir corriendo de ahí y no regresar...

Cuando el juez llegó, me tomo el juramento de rigor y me ordenó sentar, ahí sentada en la elegante sala lo único que hable fue cuando me tomaron el juramento, vi que la corte se estaba corriendo en mi presencia, pero yo no era tomada en cuenta, no hubo preguntas para mí, era como si yo fuera un fantasma, de pronto levanté la mano y quise comentar algo alusivo a lo que hablaban, el juez muy enojado me ordenó sentarme y me dijo cortante y grosero, "limítese a contestar solamente cuando se le pregunte," me quede viéndolo callada la verdad me dio miedo su forma de hablarme, cuando terminó su trabajo, la sentencia fue deportación, jamás nadie hablo de los hombres que me habían violado, y mucho menos de los agentes de la migra que me habían golpeado, motivo por el cual estaba ahí, cuando quise protestar nuevamente el juez me dijo que mi corte estaba terminada, y que si no estaba de acuerdo, podía pedir una apelación. ¿Qué pasa? le pregunte al oficial, y él me contestó, "¿Quieres o no la apelación?", Sin dudarlo le conteste, si, la quiero, porque considero que no fue justo, no hablaron de lo que tenían que hablar, de eso no se trataba, yo estoy aquí por otro motivo.

El oficial me llevo a firmar mi apelación y me regresaron al dormitorio, por el camino de regreso pensaba en mi tiempo perdido en esperar esa fecha, además ellos ni siquiera tenían derecho a encerrarme, ellos solo tenían que darme una cita para la corte, yo tenía que venir el día que ellos lo ordenaran, esa corte fue tan injusta, mis nervios casi explotaban, ahora me habían dado otra fecha lejana para asistir a otra corte, en la que según ellos, podría exigir mis derechos.

En realidad la fecha era muy lejana, tendría que quedarme ahí por algunas semanas más, pero si me iba, no iba a conseguir mi objetivo, no, me dije, yo no había venido a eso, sino a que se me hiciera justicia, tenía que aclarar este maldito enredo, de eso se trataba, pero para no volverme loca y poder pasar más tiempo ahí, tenía que mantenerme muy ocupada o no podría hacerlo. La paciencia se me estaba agotando, de regreso iba de lo más nerviosa y pensativa cuando por fin entre en los dormitorios, en la entrada estaban todas las chicas y me preguntaban ¿Cómo te fue De la Garza? "Mal" les dije llorando del coraje y corrí a encerrarme, noté que extrañamente nadie me dijo nada y que a esa hora estaba prohibido estar en las camas, lloré gran parte del día, después pedí permiso para darme un baño y salir de ahí.

El día que apareció el oficial que destinaba los trabajos le pedí que me aceptara una aplicación para trabajar con ellos en mi estadía ahí, necesito hacer algo o me volveré loca, le dije al oficial y el a su vez me vio con lastima y me aceptó para trabajar en la lavandería, me pagarían un dólar diario, y me leyó las reglas, ¿Por qué no me manda a limpiar a las oficinas? Le pregunté pero el me contestó que no podía, ¿Por qué? Le pregunte de nuevo, tengo entendido que hay un lugar disponible para limpiar las oficinas, "no puedes, porque tú eres de México" ¿Y qué tiene que ver mi nacionalidad con esto? Bueno la verdad no estoy muy seguro, solo sé que los mexicanos no pueden trabajar en las oficinas, ¿Pero esto se llama discriminación racial? No sé cómo se llama De la Garza, solo sé que no te puedo mandar ahí, yo no puse las reglas, y sin darme más explicaciones me preguntó, "¿Quieres el trabajo si o no?" "Está bien, lo tomo" le dije.

 Ni modo que me echara para atrás, además de que no me importaba donde fuera el trabajo, solo quería mantenerme ocupada para no pensar, me había enganchado en un trabajo muy duro, pero era mejor que estar por ahí pensando en la inmortalidad del cangrejo, perdiendo el tiempo en llorar, y además del trabajo duro, también podría tener la cantidad de un dolaruco diario, no sería riquilla pero por lo menos tendría para comprarme algunos chuchulucos, como decía mi abue, de esos dulces que tanto se me antojaban cuando alguien los sacaba de las maquinitas y que jamás había podido tener uno por no tener dinero. Algo muy raro era que me llevaban muchas hojas a firmar, nunca supe que decían, solo las firmaba.

 La hora de empezar a trabajar llegó, el trabajo consistía en recoger y acomodar toda la ropa para que las mujeres se cambiaran, además de recoger las sabanas sucias y llevar toda la ropa sucia a la lavandería, cuando tenía que llevarla a la lavandería un oficial me llevaba y me regresaba, así lo mismo *pasaba para ir por ella y doblarla, el oficial me llevaba y traía, en realidad era demasiado trabajo para mí, por las noches cuando terminaba era tanto mi cansancio que de cualquier cosa me enojaba con las muchachas y terminábamos dándonos de moquetes por nada, y después el remordimiento no me dejaba, me dolía tanto el haber discutido con alguien por nada, y sobre todo con ellas que no tenían la culpa de lo que me pasaba, además de que eran de mi misma raza, ellas eran mujeres que estaban ahí sufriendo igual que yo, o peor porque muchas de ellas habían dejado a sus hijos en manos extrañas, al cuidado de alguien, otras habían empeñado sus casas para venir tras el sueño americano, tras una ilusión, y se les había atravesado la migra cuando ya casi lo habían conseguido, serían deportadas y perderían sus casas.*

Los días que salía al patio corría y corría como si quisiera acabarme en esas carreras, algunas veces me gustaba escribir mucho, quería olvidar todo, pero era muy difícil para mí hacerlo, había noches en que tenía pesadillas y soñaba que corría por los campos perseguida por coyotes hambrientos y víboras de cascabel, y como una loca corría a pedir ayuda a la migra y ellos me tiraban sobre los coyotes para que me tragaran viva, desesperada gritaba y despertaba sudando y gritando, mis compañeras se espantaban con mis gritos, pero jamás dijeron nada a nadie . . . En mi estadía ahí, la cancha de básquet era solo para mí, a nadie le interesaba mucho, así que ahí en esa cancha desahogaba todo mi coraje, dándole fuertes golpes a la pelota hasta casi desmayarme, había algo más que me llamaba la atención, desde ahí podía ver a los guapos, ya que la tela de gallinas dividía a las mujeres de los hombres, de sobra sabía que estaba prohibido acercarse a la tela, pero no era mucha la distancia de donde estaban ellos, a donde yo podía pararme, en realidad eso que al principio me distrajo tanto al último ya ni eso me interesaba, los hombres estaban tan lejos físicamente de nosotros que eso de escribirse y hablar tonterías con ellos era solo un juego, un pasatiempo para todos. Los días que llovía no salíamos y nos dedicábamos a peinarnos unas con otras, y hablábamos de cosas de bonitas, La de la Garza, me llamaban ellas, mi nombre era como un tabú, algo muy querido y respetado, así era yo, la buena, la mala, no sé, solo sé que amaba demasiado a los míos, pero en ocasiones me dejaba llevar por los arrebatos de coraje, donde desahogaba toda mi frustración, toda mi rabia acumulada, y sobre todo mi miedo, todo ese sentimiento que llevaba ahí dentro de mi ser, ese que amenazaba con destruirme, yo entendía que nadie tenía la culpa de lo que me había pasado, pero no sabía cómo controlar mis arrebatos de cólera y no por eso dejaba de ser humana, muy humana, con ese corazón de pollo, como mi abuelita solía llamarme, (Tonta corazón de pollo).

Un día, ya estaba cayendo la tarde, de pronto escuche que me llamaban por el intercomunicador, era la oficial de turno para preguntarme si ya estaba lista para ir a la ropería a recoger las sabanas y las cobijas para cambiar las camas al otro día muy temprano, yo le conteste que sí que a la hora que ellos me mandaran, ella a su vez llamo al oficial que estaba encargado de llevar a las mujeres a hacer lo que necesitaban, no pasó mucho tiempo cuando lo vi aparecer, era un hombre alto, blanco y de grandes ojos verdes, creo que pesaba más de 200 libras. Entró y habló algo con la oficial de turno y me ordenó que nos fuéramos, se adelantó para guiarme hacia la lavandería y lo seguí calladamente. Una vez adentro, cerró la puerta con llave, no me espante cuando cerro porque eso hacian siempre, decían que era para protección. Después me ordenó, *vamos tenemos muy poco tiempo, por aquí, rápido yo estaba muy acostumbrada a recibir órdenes así que no dije nada, rápidamente lo seguí y pude notar que el pasillo por el que íbamos no era el mismo de todos los días, en realidad no lo era y mi sorpresa fue mayúscula cuando vi que abría la puerta del baño, mientras él lo hacía, yo sentí miedo y quise regresarme, intuí que algo no estaba bien, me dio miedo pero él no me dejo reaccionar ni decir nada, me empujo para adentro, y me empezó a abrazar, y besar ven, me dijo, tú me gustas mucho, vamos a hacer el amor, Qué? ¡No eso no!, ¡Jamás! Recuerdo que le dije eso empujándolo y quise escaparme de ahí corriendo, pero no pude, porque él me sujetó por un brazo fuertemente, y me apretó contra él, y me dijo mirándome fijamente con sus verdes ojos, vale más que no grites, que te quedes calladita, oíste, porque si gritas o dices algo, me voy a tener que ver obligado a matarte, y diré que te quisiste escapar y que me golpeaste con algo, ¿Oíste? Lo haré te lo juro, me dijo mirándome fijamente, mire la resolución en esos grandes ojos verdes, y me dio mucho miedo, me quede paralizada, el aprovecho la oportunidad y me tomo fuertemente por la cintura, y me obligó a sentarme en el piso. "Quítate el pantalón" me ordenó, y como no reaccione, el me ayudo a quitármelo, yo no atinaba a reaccionar, y ahí tirada en el piso de aquel pequeño cuarto de baño, me abusó sexualmente, mi cabeza estaba torcida debajo de la taza del escusado, su peso me ahogaba, su respiración me ensordecía, y tenía ganas de vomitar, por fin paso todo, me ordenó vestirme rápidamente y hasta me ayudo, el sudaba y se acomodaba la ropa, después me acomodo el pelo y agarrándome la cara me ordenó gritando, "si dices algo te mato oíste," el terror se apoderó de mí, temblaba como una gelatina, ¡Anda vámonos! y tomándome por el pelo, me aventó hacia afuera, no* atine a decir nada, solo me limite a limpiarme la boca con las manos, estúpido, maldito una y mil veces maldito, a ti también te pondré en la balanza cuando llegue la hora y el día, ya lo veras, pensé temblando de coraje. "Vamos rápido" grito el descompuesto guardia, "ya no tenemos tiempo, camina," y camine detrás de el con mucho miedo, rumbo a donde se encontraban las cobijas, me dio algunas y las tomé rápidamente, calladamente y esperé a que me abriera la puerta y en cuanto la abrió, salí casi corriendo del lugar aquel, no podia creer aquello, todo había pasado así de fácil y tan rápido que estaba anonadada, y al lado mio iba mi abusador, saboreando aun el momento vivido, mientras que yo me sentía aturdida.

Caminamos rumbo al dormitorio, yo parecia un robot, y ya casi para llegar me dijo, "no se te olvide, si dices algo te mato" "¡Idiota!" le dije "¿Que dijiste?", "Idiota" le volví a repetir, él me iba a contestar algo pero ya no tuvo chance, porque apareció la oficial que me abrió la puerta del dormitorio, y yo entre casi corriendo sin parar hasta la ropería, y una vez adentro me vomite, y casi desmayada de miedo lloré, después de unos minutos, reaccioné, tengo que ser inteligente, nadie debe de darse cuenta de esto, o me irá muy mal pensé, y me dediqué a doblar la ropa que las chicas usarían al otro día, parecia un robot, no podia quejarme, porque si decía algo, a lo mejor me mataban o me hacían algo, estaba convencida de que estaba ahi, porque los había acusado de haberme golpeado, ahora si digo lo que éste me acaba de hacer, de seguro me matan o me encierran de por vida, pensar eso me dio tanto miedo, juro que no puedo descifrar el sentimiento de coraje de odio que en ese momento se apodero de mi.

Recuerdo que trabaje más rápido que nunca, mis manos me ayudaron velozmente a doblar la ropa y cuando todo quedo totalmente acomodado, la ropa muy bien organizada, me le quede viendo a la ropa y pensé que así me gustaría poder organizar mi vida, ¿Que me pasa Dios mío? Me preguntaba, ¿Que me pasa? Mira ahora en que nuevo lío estoy metida...

Deje pasar un buen rato en los que me quede sola con mis pensamientos, y después arrastrando la humanidad fui a reunirme con las demás compañeras, algunas de ellas me vieron y me preguntaron si me pasaba algo, "¿Qué te pasa De La Garza?" Dijeron algunas, pero yo sólo me dediqué a mirarlas, no me salió ningún sonido, y cuando quise contestarles, me senté donde pude y no sé qué clase de cara habré puesto, porque una de ellas grito, "ofi, ofi, La de La Garza está enferma" La oficial vino a donde yo me encontraba y me preguntó, "¿Es cierto De La Garza? ¿Estas enferma?" Yo no pude decir nada, quise decir algo, pero no me salió ningún sonido, no pude contestar, como pude me levanté de donde estaba sentada y a duras penas caminé rumbo a mi cuarto y me tire sobre la cama...

Desde ese día mi vida cambió, ya no era la misma, la gritona como me llamaban en mi casa, ahi en ese lugar comprendí que estaba marcada para siempre, en ocasiones pensaba que era mentira que había gente buena, le perdí la fe a todo y a todos los que yo pensaba que me querían, si hay intereses o belleza de por medio hay todo.

Al solo recuerdo de todo lo vivido, mi estomago se revolvió, que asco. Recuerdo que al final algunos oficiales me querían mucho porque yo era muy trabajadora y se preocuparon por mi cuando me vieron tan deprimida, una de ellas fue y me pregunto un día "¿Qué te pasa De La Garza? ¿Te sientes mal?" "No me pasa nada ofi, estoy bien gracias," le contesté "¿Pero cómo vas a estar bien? tú no eres así mija" me dijo la oficial con afecto, "yo te conozco muy bien, ¿Dime alguien te dijo algo?", "No ofi, nadie me dijo nada," y me solté a llorar con mucho sentimiento, por un momento pensé que ella se iba a poner a llorar al par mío, me sobaba la cabeza y me ofreció un vaso con agua, "¿Qué te pasa mija?" me decía la buena mujer "dímelo a mí en secreto si?" Pensé en decirle a ella, pero tuve miedo y no le dije nada Después de un rato logre reponerme y le dije de nuevo, "no me pasa nada ofi, creo que a lo mejor me deprimí, si eso ha de ser ofi," ella me agarro el pelo y me lo sobo, "mira mija," me dijo, "ya pronto se arreglara tu asunto, ya lo veras, ten paciencia," las palabras de la buena mujer me dolieron tanto y le conteste "no ofi, lo mío no se arreglara jamás, jamás, ya nada será igual nunca," ¿Por algo más que yo no sepa De la Garza?" Mis gemidos se redoblaron y ella me veía incrédula, "La De la Garza" como ellos me llamaban estaba ahí tirada como un muerto, sin ganas de nada, eso no lo podían creer ellos, "no ofi, no le puedo decir nada más, se lo juro."

Los días pasaron lentamente, la verdad pensé en matarme, dejé de comer por algunos días, me volví agresiva, y me convertí en el líder, del lugar aquel, empleaba la fuerza para obtener lo que quería, ordenaba y golpeaba.

Debido al mal comportamiento seguido paraba en la celda de castigo, no recuerdo cuantas veces fui a parar ahí sola, sin tener ni con quien hablar, pero ya ni eso me importaba, siempre usaba una careta de payaso, a nadie le enseñaba mis sentimientos, nadie sabía si me dolía algo, o no, simplemente era, "La De La Garza"

La fuerte, la que se había adueñado del poder, no podía controlar mi coraje destructivo, y eso me desquiciaba y me hice muy astuta.

Recuerdo que un día me toco un chequeo con la doctora, como la llamábamos todos ahí, ella siempre había sido muy buena conmigo, yo siempre platicaba con ella mucho peor que un perico, pero ese día llegue muy callada, y ella lo noto porque me preguntó "¿Qué te pasa De La Garza? ¿Por qué andás tan callada? Además me dijeron que andas muy enojada ¿Es cierto eso?" "No sé," le dije, "no me pasa nada, es mas ya nada me importa," le contestaba sin más interés que el de mirar la punta de mis viejos tenis, ¿Por qué? ¿Por qué dices eso?" Después de lo que he vivido ya nada me importa, quisiera tener el poder de quitarme la vida, pero ni eso puedo hacer, le dije y me solté a llorar convulsivamente, ella esperó pacientemente a que me desahogara y platico un rato conmigo, ¿Te gustaría que te aparte una cita con el psicólogo? Me da igual, le dije, bueno, yo creo que la necesitas, está bien le dije y me dio una cita para ver un psicólogo, en realidad ella no tenia la culpa de lo que me pasaba, ella siempre habia sido de lo mejor conmigo, siempre tenia una sonrisa de afecto para mi y para todos, en especial para mi, siempre que iba a limpiar la enfermería para perder mi tiempo, me daba dulces y cosas, y siempre decia que yo limpiaba todo como si fuera mi casa. Por un momento estuve a punto de contarle lo que me pasaba, lo que el oficial me estaba haciendo cuando iba por la ropa, pero tenía miedo, tenía que callarme o me podía ir muy mal...

Un dia que estaba por ahí sin hacer nada, el corazón casi se me para del miedo, el hombre de los ojos verdes estaba ahí, "De La Garza, tienes que ir por las cobijas," me ordenó, estuve a punto de negarme, pero cuando vi los ojos del hombre aquel, el miedo casi me deja sin respiración, "ándale vámonos que no tengo tiempo que perder," baje la cabeza y camine como un manso corderito rumbo al matadero, el abuso sexual se repitió en el baño de la lavanderia, Cuando regrese pensé con coraje, estoy atrapada, jamás podré salir de esto, y lo peor era que mis cartas eran interceptadas por alguien, porque jamás nadie me contestaba, a nadie le convenia que yo hablara, le habia escrito cartas para el cónsul mexicano, para la Iglesia Católica, y para la señora Hilary Clinton y al Presidente Clinton, pero nada, parecía que no le escribía a nadie, y lo que casi me volvía loca era que yo sola me había ido a meter ahí, a ese maldito lugar que representaba una farsa, donde los sentimientos de las personas no importaban, además pude notar que había otras chicas que iban a hacer limpieza a las oficinas o a otros lugares, y estaba segura que ellas también eran abusadas, yo me dedique a mirar sus semblantes cuando llegaban de trabajar y se les notaba el sufrimiento, me hice astuta y logré que algunas me contaran lo que les pasaba, pobres chicas, mis sospechas estaba bien fundadas, ellas estaban siendo abusadas al igual que yo, bajo amenaza de muerte me dijo una casi llorando, lo peor que su único delito era, solamente ser ilegales, para ellos éramos solo eso, como me lo había gritado el agente de inmigración aquel día, "Ilegales, perros muertos de hambre."

Pensé con horror en ¿Qué era lo que tenían pensado hacer conmigo? a ellos no les convenía dejarme ir, tampoco aceptar su culpa, y yo no estaba dispuesta a callar, ellos habían cometido un delito con mi persona, al golpearme y después tirarme a la calle aun a pesar de lo golpeada que estaba, pensaba con miedo que seguramente tendrían miedo que yo dijera algo de nuevo si me dejaban ir, diría algo acerca de lo que paso ahí, sobre todo porque se me notaba que estaba muy enojada y deprimida, mi miedo se acrecentó y pensé "Tal vez nunca logré salir de aquí, o a lo mejor me matan"

Cada día que pasaba mi tristeza llegaba al máximo, recuerdo que un día que caminábamos todas en línea para el comedor, paso algo muy feo, basado a que teníamos prohibido agarrar cartas ni nada de los hombres que se arremolinaban sobre la cerca a nuestro paso cuando íbamos rumbo al comedor, recuerdo ese *día en especial porque íbamos caminando en completo orden alguien empezó a cantar el himno nacional de su país y todas hicieron segunda y cantaron varia estrofas de himnos de diferentes países, cuando toco el Himno Nacional Mexicano, sentí que la piel se me erizó, y un nudo se me formó en la garganta, tenía ganas de llorar por la emoción, los hombres a través del alambrado nos veían orgullosos, eso fue algo muy emotivo, yo caminaba distraídamente escuchando mi Himno Nacional, cuando alguien de pronto me dio un montón de cartas, sin pensarlo automáticamente las tome, una oficial me vio y me las quito, y antes de que entrara al comedor me sacaron de la línea y me llevaron a una de las oficinas de ese lugar, nuevamente sentí miedo no lo hice adrede, fue un impulso, una vez dentro de una de las elegantes oficinas me sentaron a esperar a no sé quién, después de un largo rato, una teniente de inmigración salió y me ordenó seguirla, yo camine, sin preguntar nada detrás de ella, me llevó a su oficina, una vez dentro me gritó "Vamos a ver De la Garza, ¿Por qué agarraste estas cartas? ¿Que no sabías que está prohibido?" De pronto no supe ni que decir me quede callada y ella muy enojada agarro las cartas, las rompió y me las mando por la cara, y de un empujón me aventó al sofá, en ese momento reaccione, me dio tanto coraje que me le eche encima y la aventé con los pies y forcejeamos, intercambiamos algunos golpes, mientras que ella a gritos pedía auxilio, en unos minutos vinieron los agentes que estaban de guardia y trataron de detenerme, era tanto mi coraje que fue muy difícil para ellos poder controlarme, cuando por fin lo lograron me encadenaron y me condujeron al dormitorio, las cadenas me lastimaban a cada paso que daba, estaban muy apretadas, pero lo que más me dolía, era la dignidad, el orgullo, me llevaban amarrada de los pies y de las manos como* si fuera un perro rabioso, la situación era denigrante para mí, el capitán Molinar, era el director del lugar, y el en persona me condujo al dormitorio, caminando a la par de él de pronto le pregunté, "¿A que le tienes miedo?", el hombre me vio curioso, y me respondió "¿Miedo?", "Si, miedo," "yo no te tengo miedo," "¿Y si no me tienes miedo, porque me amarras? "¿Crees acaso que me escapare? ¿Sabes? le dije, "tú te me antojas un Hitler moderno," "¿Yo?" Contestó extrañado, "Si tú," "¿Por qué?" Me preguntó, sin dejar de caminar, humillándome al hacerlo, bueno la diferencia entre tú y él antiguo, es que el antiguo daba tormento físico, y tú lo das psicológico, duele más el se rió para no perder la compostura, por la ofensa recibida, mientras que yo trataba de caminar como una reina a su lado, para decir algo me dijo "¿Tu eres de México?" "Si, igual que tú, pero con más orgullo, y dignidad, ¿Como la ves?

 Inmediatamente le pregunté "¿Porque me tienes aquí en este lugar por un motivo muy diferente al que me estas juzgando? ¿Que estas tratando de esconder?" "¿Yo?" volvió a inquirir, dando un pequeño brinquito casi imperceptible por la sorpresa que mi pregunta le provocó, "¿Ya se te olvidó que un día me trajiste aquí para investigación de los agentes de inmigración que me golpearon??Que as investigado? Volvió a sonreír y guardó la compostura que su rango merecia se quedó callado, lo miré y pensé, puedes engañar a otros pero no a mi, Hitler, y pensé que metí gol, mi primer gol desde que llegue ahí, el hombre uniformado ya no me contestó, seguimos caminando y el no dejaba su porte altivo, pero el mio lo era más, ya que el malo era el, de pronto alguien le grito, "déjala hijo de tu —— beeep, ponte con un hombre," al escuchar eso voltee y vi que eran los compañeros mios, de la barraca de los hombres y se acercaban al alambrado gritándoles a los agentes cosas muy feas, uno de ellos me gritó a mí, "no te agüites preciosa, estos son unos hijos de su beeep——," "yo se" les dije "y gracias por tratar de defenderme, pero no se metan en problemas, yo no me agüito, no, para nada, aquí el agüitadillo debe de ser éste, por su falta de hombría y de sentimientos, ¿O no?" Le pregunte, volviéndolo a encarar, "yo soy mexicana y mi apellido lo traigo aquí en la frente" les grite, "es todo," gritó uno de los hombres que caminaban por el otro lado, alambrado a la par de nosotros, mientras que mis cadenas me impedían dar un paso más por lo apretadas que estaban, pero aun así, aunque me salía sangre del tobillo, camine dignamente, cuando entramos al dormitorio las mujeres estaban paradas de pie, pegadas a las paredes, y a gritos pedían que me soltaran, "suéltenla, suelten a De la garza, suéltenla," ahí hubo empujones y gritos, la verdad eso fue una gran sorpresa para mí, porque pensé que no me querían, pero ahí estaba la respuesta, ésto me llenó de valor, cuando llegamos a la puerta del cuarto que compartía con las otras chicas, me ardía la cara de vergüenza, "¿Estas llevando las cosas demasiado lejos por unas simples cartas no crees? "No," me contestó Molinar, tu castigo apenas comienza bonita, así que recoge tus pertenecías porque te voy a mandar unos días a la cárcel del condado, para que aprendas a respetar, "Respetar a quién?" le pregunté encarándolo, "si quieres que te respeté, respétame tu a mí, y después aplicas castigos," le dije a gritos, la verdad confieso que me dio miedo decir esto, me dieron ganas de llorar y pedir perdón de rodillas si fuera necesario, pero había cambiado y juré en ese momento que todo iba a ser diferente, me estaban tratando como un animal, y como un animal me verían, de pronto reaccione y les dije, "¡No necesito nada de eso¡ Recógelas tu si quieres, ¡Recógelas¡ Me volvió a ordenar el Capitán Molinar muy serio, y le volví a repetir lo mismo, "no necesito nada de eso, ¡Recógelas tu si quieres!

El capitán muy enojado por mi negativa le ordenó a un oficial que me pusieran algo de ropa en la funda de la cabecera, y los oficiales sacaron algunas cosas de mis pertenencias y las demás las dejaron, cuando el equipaje estuvo listo, me daban la funda para que la agarrara, pero me negué a hacerlo, eso fue lo último que el Capitán Molinar pudo soportar, y temblando del coraje, me amarro la funda a las cadenas a los pies, con las cadenas que me había amarrado, y me ordenó caminar de regreso hacia las oficinas, sentí que me moría de vergüenza, tenía que arrastrar penosamente la funda de la cabecera con mis pertenencias, me dolía, pero me dolía mas la vergüenza que me daba a cada paso que daba delante de todas mis compañeras, nunca nadie me había hecho una humillación así, sentía que la cara me ardía de la vergüenza, pero no les di el placer de verme humillada suplicando ante él, y todo por las estúpidas cartas pensé, ¿O tal vez era la oportunidad que ellos esperaban para vengarse de mí, para que les tuviera miedo? No sé, solo sé que era demasiado castigo por una tontería de esas, y ahora en esa afrenta estaban pisoteando mi dignidad, todo mi coraje, mi orgullo, creo que jamás lo olvidaré mientras viva, mientras respire, mi corazón brincaba fuertemente y yo sudaba del coraje.

En cuanto salimos del dormitorio de las mujeres, los hombres se volvieron a arremolinar sobre el alambrado gritándoles cosas muy feas a los oficiales, y de nuevo el que me dio las cartas corrió hacia ellos, y les gritó déjenla desgraciados, "amárrenme a mí, yo fui el que le dio las cartas, ella ni siquiera me conoce," y junto con el llegaron algunos más, a gritar a mi favor, los guardias hacían esfuerzos sobre humanos para quitarlos de ahí pero no podían con ellos, era muy *difícil, como difícil era para mi arrastrar la funda con mis pertenencias a cada paso que daba, un dolor tan fuerte casi me obligaba a parar, pero nunca me pare, traté de distraer mi atención en algo y vi que todo aquello estaba convertido en un show, un grotesco y asqueroso, show donde yo era la protagonista principal.*

De ahí sin que nadie revisara mi pie que sangraba por lo apretado de las cadenas, me subieron a una patrulla de la migra y fui conducida por dos agentes de inmigración, una mujer y un caballero, rumbo a no sé dónde, pasó un gran rato, por fin llegamos y mi sorpresa fue mayúscula cuando pude ver una cárcel de mujeres que pertenecía a un condado de Texas.

Me ordenaron bajarme, me quitaron la funda de donde me la habían amarrado y me ordenaron caminar, entre por la puerta de esa cárcel, era la primera vez que veía una cárcel de mujeres en este país tan bonito, ahí todo era muy rígido, nadie se andaba con cuentos ni renegando, cuando entre ahí me soltaron de las esposas, mi pierna seguía sangrando, pero a ellos no les importó o no quisieron verlo, no sé, no me quitaron la ropa que traía porque venía amarrada y me habían traído del Corralón de inmigración, después de un buen rato de espera en lo que me pase sentada en una dura banca, me llamaron y me dieron mis pertenencias, ahí estaba el equipaje que una oficial de la migra había preparado para mi en el Corralón de los Fresnos Texas, y antes de mandarme a una celda fría, me entregaron todo, la verdad es que en cuanto me dieron un tiempo sola, lloré, lloré de miedo, de rabia, de impotencia, sobre todo de vergüenza, pero no les di el gusto a los de la migra de verme llorar. Estuve unos cuantos días en esa cárcel, ¿El motivo? Lo ignoro, porque no creo que, porque tome unas cartas que la oficial rompió y las aventó sobre mi cara, fuera un motivo para privarme de mi libertad, ignoro que cárcel fue, solo sé que se encuentra como a una hora, de Los Fresnos, Texas, más o menos, y también sé que ahí, maduraron mi rencor hasta convertirlo en odio feroz, un odio que me estaba lastimando, un odio incompasivo, hasta con mi persona, estuve en ese lugar conviviendo con mujeres que habían cometido errores muy grandes, como era matar, contrabando de drogas, y robar entre otras cosas y estaban pagando un precio muy caro por su error, pero yo, ¿Que error había cometido? Recuerdo que cuando las mujeres del lugar aquel me preguntaban y tú ¿que hiciste, les decía ¡Nada! ¡ Yo vengo del Corralón de inmigración y agarre unas cartas que me dio quien sabe quién para otra chica, y la teniente de inmigración me las quitó, y las rompió, y me las aventó por la cara y me empujó, no me aguante, y me lie con ella a golpes, ella empezó a pegarme, yo solo me defendí, pero como ella era el jefe, aquí me tienen, eso les pareció tan gracioso a todas y se reían a carcajadas, y me dijeron "no te apures eso no es nada, mínimo una semana y sales de aquí, ya lo veras," ahí en esa cárcel lloré, y también saque todo lo que traía dentro de mi ser, y pensé en ser mala, muy mala ...

Por fin el día de regresar al Corralón de Los Fresnos, Texas, llegó, había pagado por el supuesto crimen que había cometido, por el camino de regreso no hable, ni mire el paisaje, ya nada me importaba, callada esperaba pacientemente ah que me ordenaran bajar del vehículo en el que me transportaban. En cuanto estuve de nuevo en el Corralón, me sorprendió mucho que había fiesta, son unos demonios pensé, estos son capaces de hacer el daño más grande, y a las vez impresionar con su supuesta bondad.

Los músicos tocaban una melodía contagiosa, y las chicas arremolinadas aquí y allá, lucían, lo único que podían lucir ahí, sus sonrisas sinceras y su atractivo natural, en cuanto me vieron corrieron a mi encuentro gritando ¡Ya llego De La Garza! algunas hasta me besaron, la verdad ni eso me conmovió, las salude a todas y agradecí la muestra de afecto, también salude a las oficiales, de guardia, total ellas no tenían la culpa, además de que eran muy buenas conmigo, podría jurar que vi gusto en ellas, cuando me recibieron, pero tenían prohibido las demostraciones de afecto. ¡Va! pensándolo bien ahí todo estaba prohibido. . . .

Las oficiales me invitaron a la fiesta, pero me invente un dolor de cabeza, "gracias de todos modos" les dije y cambiando el tema hablamos de otras cosas, de ahí me dieron ropa limpia y también me dieron permiso de tomar un baño que me cayó de maravillas, después de que me peine y estuve lista, me retiré a mi rincón preferido a leer algo, y una vez ahí, lloré de nuevo, me las van a pagar, se los juro, me dije enojada y limpié mis lágrimas con el dorso de las mano, esto ya parece cantaleta, no más lágrimas me regañe, desvié la mirada hacia el amplio patio, y mire algunas mujeres que caminaban por ahí cuantas más de estas pobres mujeres estarán viviendo lo mismo que yo, quien ocuparía mi lugar en mi ausencia, quien seria la que fue sobajada y abusada ahí en el baño de la lavandería, en ese lugar jure que si lograba salir de ahí lo gritaría a los cuatro vientos, ya no por mi, sino para evitar que otras sufrieran lo que yo estaba sufriendo, por las que ocuparían mi lugar en cuanto yo me fuera, si tengo oportunidad desenmascarare a estos corruptos funcionarios que nos abusan a espaldas de sus jefes y de su gobierno.

Me encontraba hundida en mis pensamientos cuando levanté la vista hacia la entrada del lugar, el corazón casi se me para, ¡Sorpresa¡ El hombre de los ojos verdes estaba ahí, venia muy sonriente por la puerta principal, todo el coraje acumulado por las ofensas recibidas, se me subió a la cabeza, y sin pensarlo dos veces, me paré de un salto y encamine mis pasos hacia él, senti ganas de vomitar, pero no pare de caminar hacia él, mientras que mi cerebro repetía estúpido, maldito animal, y en cuanto estuve cerca de él le dije, "Estoy embarazada" fue lo único que en ese momento se me ocurrió.

El hombre me vio y me dijo tranquilamente, ¿Necesitas algo De La Garza? Lo mire con el odio saliéndoseme de los ojos y le grité, nunca más, ¿Me oiste? ¿Nunca más? "Si se te ocurre se lo voy a decir a la doctora, ella es buena y me ayudará y si no me ayuda se lo diré a todos y me mataré, ¿Oiste? El nunca dejo de caminar con su ágil paso, y me ignoro por completo, y se perdió dentro del dormitorio así que yo tuve que regresarme, sudaba frio y temblaba del coraje...

Una vez de regreso a mi rincón preferido lejos de todos, le di gracias a Dios por estar en ese lugar, que si no lo hubiera molido a palos, o el a mi, por lo menos lo hubiera escupido la cara, y limpiándome la cara con las manos pensé, no sé de que me ha salvado este lugar, quizás de no haber cometido un asesinato con alguien que no valía la pena, ¡Maldito hijo de Hitler¡ Mi odio se iba acumulando día a día, me dio miedo, pensé que podía ser muy peligroso, tengo que tratar de cambiar, total no todos tenían la culpa, aunque ya lo había intentado no podía, me estaba dejando llevar por ese rencor de una manera destructiva, si, destructiva y peligrosa. Trataba de distraerme, jugando basquetbol, corriendo o escribiendo, pero no lograba salir de eso, era lo más que alguien como yo podía soportar.

La vida continuaba, tenía que continuar, y yo prendida a ella como un vegetal, sin más oportunidad que la de vivir, mi radio de acción era tan pequeño, pero me quedaba mi inteligencia, aunque a esas alturas ya ni en mi inteligencia confiaba, aún tenía algo que hacer, no quería vivir así, ni debía.

Al paso de los días, en los que normalmente me la pasaba ocupada limpiando algún lugar del corralón, para no llorar, me di cuenta de que el agente de inmigración, el hombre de los ojos verdes como yo lo llamaba, había desaparecido desde el día aquel en que le grité ahí en el patio, eso me pareció muy extraño, no estaba por ningún lado, decidí investigar y ordené a una de mis compañeras de las que trabajaban en las oficinas que investigara, y me dediqué a esperar la respuesta.

Y digo ordené porque me había apoderado del poder a grado de dominar, y si no me obedecían como a mí me gustaba, arrastrada segura que les daba, no me gustaban las soplonas, ni las ratas, y menos las rajiches, y se rajaban pobres, les iba como en feria, pero así como las arrastraba, las protegía de quien o de quienes quisieran hacerles daño, yo era capaz de dejarme arrancar el pescuezo por defender a alguna de ellas, y si las arrastraba después andaba casi de rodillas detrás de ellas pidiendo disculpas, si me las aceptaban bueno y si no ni modo, pero me dolía mucho que me ignoraran.

Por fin me trajeron la información, la respuesta fue, "Pidió permiso y tal vez no regrese jamás" "maldita sea," murmure, pero chiquito se me ha de hacer el mundo para hallarte, ya lo veras, miedoso, tu eres una gallina, eres como todos los cobardes...

Los días iban pasando y mi vida se iba convirtiendo en un infierno, y mi alma de hierro, los hombres me habían hecho mala, pensé, pero no me volverán a hacer daño, por lo menos, ya no me dolerá lo que me hagan y si alguno se atreve, se va acordar de mí para siempre. ... Una tarde cualquiera me la pase muy pensativa, tenía que pensar en algo que me sacara de *ahí, y sobre todo, tenía que confiar en alguien, tengo que creer en alguien o me volveré loca, no toda la gente es mala, me decía, no muy convencida y volví a pensar en decirle a la doctora, pero luego me arrepentí, que tal si me traiciona y les cuenta a los de la migra, total ella trabaja para ellos, recordé cuando me llevaron a ese lugar con engaños, según ellos para investigación de los agentes de inmigración que me habían golpeado, y aún no habían investigado nada y yo seguía ahí, más dolida que nunca y vuelta a abusar sexualmente, no, de tonta digo nada de lo que aquí me está pasando, olvídate de eso, me dije . . .*

La fecha de la nueva corte se llegó, los nervios me traicionaban, "uf, por fin," me dije, a la hora indicada entramos al lugar donde se llevan a cabo las cortes, y me senté en una cómoda banca y espere a que su señoría, el señor Juez de turno empezara, por fin apareció y después de tomarme el juramento de rigor, tome asiento, el Juez me vio profundamente y empezó el juicio, ahí se habló de mi mal comportamiento, de cada una de las veces que me había pasado ilegal por el río, de las deportaciones que tenía y de todo lo que a él se le antojo, pero jamás escuche que se mencionara que unos agentes de inmigración me habían golpeado cuando salí a pedirles ayuda porque unos traficantes de humanos me habían violado. Tenia ganas de preguntarles, pero opte por callar, me puse inteligente y guarde silencio, como si fuera la corte de alguien más, y me convertí en el espectador de mi propio juicio. . . .

Las horas pasaron fastidiosamente, mientras que yo sin escuchar dejé volar mi imaginación hacia otros tiempos, sabía que no iban a hacerme justicia y la verdad era muy aburrido estar escuchando algo que me daba tanto coraje, así que los ignore, así como ellos me estaban ignorando a mí, por fin todo concluyó, y escuche la sentencia, el juez ordeno "Deportación" eso era de esperarse, de pronto aún a mi pesar, reaccioné y le pregunté ¿Qué haría con los agentes de inmigración que me habían golpeado, motivo por el cual estaba ahí?

El juez me miro sorprendido y me ordenó callar, quise argumentar algo más, pero me dio miedo y sobre todo mucha rabia, lo fulmine con la mirada a grado que se apenó y opte por callar, yo, ya había cambiado mucho.

Ahora lo importante era salir de ahí, fuera para mi patria, o para donde fuera, sobre todo porque consideré lo inútil que era estar ahí. Me había puesto con Sansón a las patadas. Me deportaron el día 2 de enero del año 1992, el corazón me temblaba en la garganta cuando estaba subiendo a la patrulla de la migra para que me llevara a mi país, México, sinceramente subí muy rápido porque tenía miedo de que se arrepintieran, y además también tenía miedo de que fuera otra trampa de ellos, el oficial por fin cerro las puertas del vehículo y arrancó con rumbo a la libertad, recuerdo que cuando las puertas de la van se abrieron para mí, no sé qué fue lo que sentí, no puedo describirlo, fue algo que no puedo definir, de pronto mire al oficial que había manejado la camioneta y le dije, ¡Ofi le juro que más tardara en tirarme en mi país que yo en regresarme! El me miró y se rio a carcajadas, "¿De verdad de la garza? Y viéndome amigablemente, me dijo, lo siento De la Garza, no puedo hacer nada por ti, no está en mis manos, "gracias" le dije, total, por qué agarrar coraje con alguien que no tenía la culpa a decir verdad muchos de los oficiales del Corralón habían sido muy buenos conmigo y con algunas de mis compañeras, ellos no estaban de acuerdo con lo que me estaban haciendo, pero ellos solo eran trabajadores de la "Gloriosa Institución de Inmigración" así que, nada podían hacer, aunque les doliera mucho. Cuando por fin bajé caminé un par de pasos, me sentía como un extra terrestre, tenía meses que mi vida estaba congelada ahí adentro y no veía nada de afuera, vi las luces de navidad y me dieron ganas de llorar, me recordaron la familia que yo un día tuve, y que al venir a este país perdí.

Por fin estaba en la frontera con México, inmediatamente empecé a caminar rumbo a mi patria, le di las gracias a Dios por mi libertad, por haberme permitido salir de ahí con vida, miré todo a mi alrededor, vi que bonita era mi patria, sentí nostalgia por los míos, estuve a punto de renunciar a mis ideas, pero no podía ya que era tan fuerte mi determinación, además de que había otras chicas sufriendo lo mismo que yo ahí adentro del Corralón de los Fresnos Texas.

Ahora vengarme era mi objetivo, dije que me las pagaran y me las pagaran, mínimo le contaré a todo el mundo lo que hicieron conmigo, y sin pensarlo dos veces, me regresé inmediatamente por el río, como siempre lo hacía, de nuevo, "Los Estados Unidos de América" me recibieron con los brazos abiertos, Brownsville, Texas, para ser exacta. En cuanto toque tierra firme, busque un teléfono público y hablé para el Corralón de los Fresnos Texas, "Hola les dije, les habla Florabelth de la Garza, estoy de regreso aquí en Brownsville Texas, ahora atrápenme si pueden," el agente que me atendió, no podía creer lo que escuchaba, y después de un rato de charla, me invitó a salir a pasear y comer algo con él, yo acepte para demostrarles que yo era más lista que ellos, salimos por ahí un par de veces, y un día no me aguante y le grite todo mi desprecio, todo lo que traía dentro, y una vez sola lo pensé muy bien y nuevamente camine por el monte sola, hacia el norte, había madurado mucho y sabía perfectamente lo que quería y sobre todo que debía hacer, ahora conocía toda el área como si tuviera un mapa en mi cabeza.

Y lo hice me fui sola por el monte, un día por fin llegué a Lantana, Florida, y una vez allá me convertí en una campesina, la vida y los sufrimientos me cambiaron notablemente, he trabajado y he hecho de todo lo decente en este país, y también me he convertido en la más fiel defensora de los derechos de los indocumentados. A pesar de la satisfacción que me dio la oportunidad de vengarme al burlarme de ellos de esa manera, no me siento a gusto, además de que no he podido rehacer mi vida, por lo regular desconfío de los hombres y de las personas, aunque sé que no todos son iguales, no soporto mucho a los hombres, por más que trato de hablar con ellos, mi carácter se ha hecho introvertido, con muy pocos amigos, apartada de la gente, pasando por el mundo de los afectos, con una sonrisa en la boca, esperando que la vida me permita enterar al mundo de lo que aquellos corruptos funcionarios de Inmigración hicieron conmigo, cuando patrullaban el área aquella mañana, y sobre todo lo que el custodio del Corralón me hizo ahí, en esas instalaciones y lo que me imagino siguen haciendo con algunas pobres que estarán ocupando mi lugar, y que de seguro callan como lo hice yo, por miedo. La rabia más grande se apodera de mí, cada vez que recuerdo ese asqueroso episodio de mi vida, en el que una jovencita llena de ilusiones vino tras el sueño americano, y encontró solo abrojos, espinas, y basura de vida . . .

TAN SOLO POR SER ILEGAL

Pasaron ya catorce años, desde el día en que tuve que dejar lo que yo tanto quería y todo lo que tenía, por los sustos y las penas y todo lo que tuve que pasar, ahora soy diabética, aún no he podido hacer mi casita ni la haré creo.

Perdí el cariño de mis apaches, motivado por mi ausencia, lo cual me duele muchísimo y lo que es peor. A pesar del tiempo transcurrido aquí, en este hermoso país, sola, sin familia, y sin nada, sigo siendo una ilegal. . . .

Florabelth De La Garza.
Floradela59@gmail.com
Con amor a ti carita de chancla,
Feliz Cumpleaños, Amedgar Martines Jr

CPSIA information can be obtained
at www.ICGtesting.com
Printed in the USA
JSHW031443250321
12883JS00004B/41